民法典
知识题集

青少年版

《民法典知识题集》编写组 编

中国法制出版社
CHINA LEGAL PUBLISHING HOUSE

图书在版编目（CIP）数据

民法典知识题集：青少年版/《民法典知识题集》编写组编.—北京：中国法制出版社，2021.6
ISBN 978-7-5216-1944-7

Ⅰ.①民… Ⅱ.①民… Ⅲ.①民法-中国-习题集
Ⅳ.①D923-44

中国版本图书馆 CIP 数据核字（2021）第 106140 号

策划统筹　潘环环　刘海龙　　　　　　　　　　　　　封面设计　周黎明
责任编辑　黄丹丹　刘海龙

民法典知识题集：青少年版
MINFADIAN ZHISHI TIJI：QINGSHAONIAN BAN

编/《民法典知识题集》编写组
经销/新华书店
印刷/三河市国英印务有限公司
开本/880 毫米×1230 毫米　32 开　　　　　　印张/7　字数/134 千
版次/2021 年 6 月第 1 版　　　　　　　　　　2021 年 6 月第 1 次印刷

中国法制出版社出版
书号 ISBN 978-7-5216-1944-7　　　　　　　　　　　定价：28.00 元

北京西单横二条 2 号
邮政编码 100031　　　　　　　　　　　　　　传真：010-66031119
　网址：http：//www.zgfzs.com　　　　　　编辑部电话：010-66066324
　市场营销部电话：010-66033393　　　　　　邮购部电话：010-66033288

（如有印装质量问题，请与本社印务部联系调换。电话：010-66032926）

编写说明

《中华人民共和国民法典》已由第十三届全国人民代表大会第三次会议于2020年5月28日通过，2021年1月1日起施行。

加强民法典普法工作，是实施好民法典需要重点做好的工作之一。为配合民法典的普法宣传，我们组织编写了这本《民法典知识题集（青少年版）》，从习题的角度为广大青少年学习、掌握民法典相关知识提供帮助，同时也方便青少年对学习民法典的效果进行检验测试。本书具有以下特点：

一是编排合理。全书以民法典的立法体例为基础，编排专题内容。同时，本书采用单数页试题，双数页答案的版式，减少翻找答案的时间，更快更准地学习民法典。

二是重点覆盖。全书通过不同题型的设置和解析，重点覆盖涉及青少年的民法典的条文，力争使通过习题和解析熟悉了解民法典的相关知识。

三是题型丰富。全书各专题都设置判断题、单选题、多选题和填空题，个别专题适当设置了简答题。

四是解析到位。全书习题都附有答案解析，部分习题特别是填空题的解析，出于节省篇幅考虑，只列出答案和条文序号，读者可以对照检索查阅。

五是难度适中。全书习题设置避免难题、偏题、怪题，习题和解析有民法典法律条文做依据，帮助读者学习掌握。

本书适合青少年阅读或者组织相关培训配套使用。希望本书的出版能够有助于引导广大青少年充分认识到民法典既是保护自身权益的法典，也是其必须遵循的规范，养成自觉守法的意识，形成遇事找法的习惯，培养解决问题靠法的意识和能力。

民法典是我国法律体系中条文最多、体量最大、编章结构最复杂的一部法律。由于时间和水平有限，不足之处在所难免，敬请广大读者批评指正。

《民法典知识题集》编写组

2021年6月

目 录

专题一　靠近民法的阶梯——民法的基本原则 …………………… 1
专题二　看看你是哪种民事主体——民事主体的类型 …………… 5
专题三　权利、义务与责任的天平——民事权利与民事责任 …… 23
专题四　民法上的行为——民事法律行为 ……………………… 35
专题五　你的行为我认可——代理 ……………………………… 51
专题六　时间的力量——诉讼时效与期间 ……………………… 59
专题七　法律上的"物"及相关权利 …………………………… 67
专题八　美丽的契约——合同 …………………………………… 95
　第一讲　必须知道的合同规则 ………………………………… 95
　第二讲　违约的代价 …………………………………………… 113
　第三讲　常用的合同类型 ……………………………………… 125
　第四讲　参照合同适用的"准合同" ………………………… 149
专题九　生而为人的权利——人格权 …………………………… 155
专题十　婚姻、家庭与继承 ……………………………………… 167
专题十一　侵权那些事儿 ………………………………………… 183
　第一讲　侵权的一般规定 ……………………………………… 183
　第二讲　特殊的侵权主体 ……………………………………… 195
　第三讲　常见的侵权类型 ……………………………………… 207

专题一

靠近民法的阶梯——民法的基本原则①

✱ 一、判断题

1. 民事主体从事民事活动,应当遵循诚信原则,秉持诚实,恪守承诺。(　　)
2. 民事主体从事民事活动,不得违反法律,但可以违背公序良俗。(　　)
3. 民事主体从事民事活动,应当有利于节约资源、保护生态环境。(　　)

✱ 二、单选题

1. 民事主体在民事活动中的(　　)一律平等。
   A. 法律地位　　　　　　B. 专业地位
   C. 社会地位　　　　　　D. 经济地位
2. 民事主体从事民事活动,应当遵循(　　)原则,合理确定各方的权利和义务。
   A. 自愿　　　　　　　　B. 公平
   C. 诚信　　　　　　　　D. 公序良俗
3. 处理民事纠纷,应当依照法律;法律没有规定的,可以适用(　　),但不得违背公序良俗。
   A. 习惯　　　　　　　　B. 行政法规
   C. 规章　　　　　　　　D. 司法解释

---

① 本书采用单数页试题、双数页答案的格式排版。

参考答案

❋ 一、判断题

1. √，解析：《民法典》第7条。

2. ×，解析：《民法典》第8条规定，民事主体从事民事活动，不得违反法律，不得违背公序良俗。

3. √，解析：《民法典》第9条。

❋ 二、单选题

1. A，解析：《民法典》第4条规定，民事主体在民事活动中的法律地位一律平等。

2. B，解析：《民法典》第6条规定，民事主体从事民事活动，应当遵循公平原则，合理确定各方的权利和义务。

3. A，解析：《民法典》第10条规定，处理民事纠纷，应当依照法律；法律没有规定的，可以适用习惯，但是不得违背公序良俗。

三、多选题

1. 我国民法的基本原则有：(　　)
   A. 平等、自愿、公平原则　　B. 诚信原则
   C. 守法与公序良俗原则　　D. 绿色原则
2. 民事主体从事民事活动，应当遵循自愿原则，按照自己的意思（　　）民事法律关系。
   A. 设立　　　　　　　　B. 中止
   C. 变更　　　　　　　　D. 终止
3. 民事主体从事民事活动，应当有利于(　　)。
   A. 国家　　　　　　　　B. 节约资源
   C. 社会　　　　　　　　D. 保护生态环境

四、填空题

1. 民事主体从事民事活动，不得违反____，不得违背____。
2. 中华人民共和国领域内的民事活动，适用____。法律另有规定的，依照其规定。

五、简答题

简述我国民法的基本原则。

三、多选题

1. ABCD，解析：《民法典》第4条至第9条规定，我国民法的基本原则包括平等原则、自愿原则、公平原则、诚信原则、守法与公序良俗原则以及绿色原则。

2. ACD，解析：《民法典》第5条规定，民事主体从事民事活动，应当遵循自愿原则，按照自己的意思设立、变更、终止民事法律关系。

3. BD，解析：《民法典》第9条规定，民事主体从事民事活动，应当有利于节约资源、保护生态环境。

四、填空题

1. 法律；公序良俗。（《民法典》第8条）
2. 中华人民共和国法律。（《民法典》第12条）

五、简答题

答：《民法典》第4条至第9条规定，我国民法的基本原则有：平等原则、自愿原则、公平原则、诚信原则、守法与公序良俗原则和绿色原则。

1. 平等原则是指，民事主体在民事活动中的法律地位一律平等。

2. 自愿原则是指，民事主体从事民事活动，应当遵循自愿原则，按照自己的意思设立、变更、终止民事法律关系。

3. 公平原则是指，民事主体从事民事活动，应当遵循公平原则，合理确定各方的权利和义务。

4. 诚信原则是指，民事主体从事民事活动，应当遵循诚信原则，秉持诚实，恪守承诺。

5. 守法与公序良俗原则是指，民事主体从事民事活动，不得违反法律，不得违背公序良俗。

6. 绿色原则是指，民事主体从事民事活动，应当有利于节约资源、保护生态环境。

专题二

看看你是哪种民事主体——民事主体的类型

❋ 一、判断题

1. 自然人从出生时起到死亡时止,具有民事权利能力,依法享有民事权利,承担民事义务。(　　)

2. 16 周岁以上的自然人为成年人。(　　)

3. 不满 10 周岁的未成年人为无民事行为能力人,由其法定代理人代理实施民事法律行为。(　　)

4. 对监护人的确定有争议的,由被监护人住所地的居民委员会、村民委员会或者民政部门指定监护人。(　　)

5. 对被监护人有能力独立处理的事务,监护人不得干涉。(　　)

6. 依法负担被监护人抚养费、赡养费、扶养费的父母、子女、配偶等,被人民法院撤销监护人资格后,应当继续履行负担的义务。(　　)

7. 自然人下落不明满 2 年,利害关系人可以向人民法院申请宣告该自然人死亡。(　　)

8. 被宣告死亡的人在被宣告死亡期间,其子女被他人依法收养的,在死亡宣告被撤销后,可以以未经本人同意为由主张收养行为无效。(　　)

9. 法人是具有民事权利能力和民事行为能力,依法独立享有民事权利和承担民事义务的组织。(　　)

10. 法人的民事权利能力和民事行为能力,从法人成立时产生,到法人清算时消灭。(　　)

参考答案

❀ 一、判断题

1. √，解析：《民法典》第13条。

2. ×，解析：《民法典》第17条规定，18周岁以上的自然人为成年人。不满18周岁的自然人为未成年人。

3. ×，解析：《民法典》第20条规定，不满8周岁的未成年人为无民事行为能力人，由其法定代理人代理实施民事法律行为。

4. √，解析：《民法典》第31条。

5. √，解析：《民法典》第35条。

6. √，解析：《民法典》第37条。

7. ×，解析：《民法典》第46条规定："自然人有下列情形之一的，利害关系人可以向人民法院申请宣告该自然人死亡：（一）下落不明满四年；（二）因意外事件，下落不明满二年。因意外事件下落不明，经有关机关证明该自然人不可能生存的，申请宣告死亡不受二年时间的限制。"

8. ×，解析：《民法典》第52条规定，被宣告死亡的人在被宣告死亡期间，其子女被他人依法收养的，在死亡宣告被撤销后，不得以未经本人同意为由主张收养行为无效。

9. √，解析：《民法典》第57条。

10. ×，解析：《民法典》第59条规定，法人的民事权利能力和民事行为能力，从法人成立时产生，到法人终止时消灭。

11. 以取得利润并分配给股东等出资人为目的成立的法人，为营利法人。（   ）
12. 为公益目的或者其他非营利目的成立，不向出资人、设立人或者会员分配所取得利润的法人，为非营利法人。（   ）
13. 事业单位法人属于特别法人。（   ）
14. 机关法人被撤销的，法人终止，其民事权利和义务由继任的机关法人享有和承担；没有继任的机关法人的，由上一级机关法人享有和承担。（   ）
15. 非法人组织是不具有法人资格，但是能够依法以其他法人的名义从事民事活动的组织。（   ）
16. 非法人组织只能确定一人代表该组织从事民事活动。（   ）

二、单选题

1. 自然人的（   ）一律平等。
   A. 民事能力　　　　　　　B. 民事权利能力
   C. 民事义务　　　　　　　D. 民事行为能力

2. 不满（   ）周岁的自然人为未成年人。
   A. 17　　　　　　　　　　B. 18
   C. 19　　　　　　　　　　D. 20

3. （   ）周岁以上的未成年人，以自己的劳动收入为主要生活来源的，视为完全民事行为能力人。
   A. 14　　　　　　　　　　B. 15
   C. 16　　　　　　　　　　D. 17

4. 不能（   ）自己行为的成年人为无民事行为能力人，由其法定代理人代理实施民事法律行为。
   A. 辨认　　　　　　　　　B. 判断
   C. 确定　　　　　　　　　D. 控制

11. √，解析：《民法典》第 76 条第 1 款。

12. √，解析：《民法典》第 87 条第 1 款。

13. ×，解析：《民法典》第 96 条规定，本节规定的机关法人、农村集体经济组织法人、城镇农村的合作经济组织法人、基层群众性自治组织法人，为特别法人。

14. ×，解析：《民法典》第 98 条规定，机关法人被撤销的，法人终止，其民事权利和义务由继任的机关法人享有和承担；没有继任的机关法人的，由作出撤销决定的机关法人享有和承担。

15. ×，解析：《民法典》第 102 条规定，非法人组织是不具有法人资格，但是能够依法以自己的名义从事民事活动的组织。非法人组织包括个人独资企业、合伙企业、不具有法人资格的专业服务机构等。

16. ×，解析：《民法典》第 105 条规定，非法人组织可以确定一人或者数人代表该组织从事民事活动。

❋ 二、单选题

1. B，解析：《民法典》第 14 条规定，自然人的民事权利能力一律平等。

2. B，解析：《民法典》第 17 条规定，18 周岁以上的自然人为成年人。不满 18 周岁的自然人为未成年人。

3. C，解析：《民法典》第 18 条规定，成年人为完全民事行为能力人，可以独立实施民事法律行为。16 周岁以上的未成年人，以自己的劳动收入为主要生活来源的，视为完全民事行为能力人。

4. A，解析：《民法典》第 21 条规定，不能辨认自己行为的成年人为无民事行为能力人，由其法定代理人代理实施民事法律行为。8 周岁以上的未成年人不能辨认自己行为的，适用前款规定。

专题二　看看你是哪种民事主体——民事主体的类型

5. 被监护人的父母担任监护人的，可以通过（　　）指定监护人。
   A. 合同　　　　　　　　　B. 协议
   C. 公证　　　　　　　　　D. 遗嘱

6. 人民法院应当尊重被监护人的真实意愿，按照（　　）的原则在依法具有监护资格的人中指定监护人。
   A. 权利义务对等　　　　　B. 遵守法律法规
   C. 最有利于被监护人　　　D. 尊重被监护人意愿

7. 自然人下落不明满（　　）年的，利害关系人可以向人民法院申请宣告该自然人为失踪人。
   A. 1　　　B. 2　　　C. 3　　　D. 4

8. 自然人被宣告死亡但是并未死亡的，其在被宣告死亡期间实施的民事法律行为（　　）。
   A. 有效　　　　　　　　　B. 待定
   C. 可追认　　　　　　　　D. 无效

9. 法人以其全部财产独立承担（　　）责任。
   A. 民事　　　　　　　　　B. 行政
   C. 刑事　　　　　　　　　D. 赔偿

10. 依照法律或者法人章程的规定，代表法人从事民事活动的负责人，为法人的（　　）。
    A. 委托代理人　　　　　　B. 法定代理人
    C. 委托代表人　　　　　　D. 法定代表人

11. 营利法人经依法（　　）成立。
    A. 特许　　　　　　　　　B. 登记
    C. 批准　　　　　　　　　D. 核准

12. 事业单位法人的法定代表人依照（　　）的规定产生。
    A. 法律　　　　　　　　　B. 法律、行政法规
    C. 法人章程　　　　　　　D. 法律、行政法规或者法人章程

5. D，解析：《民法典》第 29 条规定，被监护人的父母担任监护人的，可以通过遗嘱指定监护人。

6. C，解析：《民法典》第 31 条第 2 款规定，居民委员会、村民委员会、民政部门或者人民法院应当尊重被监护人的真实意愿，按照最有利于被监护人的原则在依法具有监护资格的人中指定监护人。

7. B，解析：《民法典》第 40 条规定，自然人下落不明满 2 年的，利害关系人可以向人民法院申请宣告该自然人为失踪人。

8. A，解析：《民法典》第 49 条规定，自然人被宣告死亡但是并未死亡，不影响该自然人在被宣告死亡期间实施的民事法律行为的效力。

9. A，解析：《民法典》第 60 条规定，法人以其全部财产独立承担民事责任。

10. D，解析：《民法典》第 61 条第 1 款规定，依照法律或者法人章程的规定，代表法人从事民事活动的负责人，为法人的法定代表人。

11. B，解析：《民法典》第 77 条规定，营利法人经依法登记成立。

12. D，解析：《民法典》第 89 条规定，事业单位法人设理事会的，除法律另有规定外，理事会为其决策机构。事业单位法人的法定代表人依照法律、行政法规或者法人章程的规定产生。

专题二 看看你是哪种民事主体——民事主体的类型

13. 下列关于捐助法人的说法错误的是：（ ）

    A. 设立捐助法人应当依法制定法人章程

    B. 捐助法人应当设理事会、民主管理组织等决策机构

    C. 捐助法人可以不设执行机构

    D. 捐助法人应当设监事会等监督机构

14. 未设立村集体经济组织的，（ ）可以依法代行村集体经济组织的职能。

    A. 村民委员会　　　　B. 村民代表会议

    C. 村民会议　　　　　D. 村民小组会议

15. 非法人组织的财产不足以清偿债务的，其出资人或者设立人承担（ ）责任。法律另有规定的，依照其规定。

    A. 有限　　　　　　　B. 连带

    C. 无限　　　　　　　D. 按份

16. 非法人组织解散的情形不包括：（ ）

    A. 非法人组织的代表人决定解散的

    B. 章程规定的存续期间届满

    C. 章程规定的其他解散事由出现

    D. 出资人或者设立人决定解散

三、多选题

1. 下列关于自然人的民事权利能力的说法正确的是：（ ）

    A. 自然人的民事权利能力一律平等

    B. 自然人从出生时起到死亡时止，具有民事权利能力

    C. 涉及遗产继承、接受赠与等胎儿利益保护的，胎儿视为具有民事权利能力

    D. 胎儿娩出时为死体的，其民事权利能力自始不存在

13. C，解析：《民法典》第93条规定，设立捐助法人应当依法制定法人章程。捐助法人应当设理事会、民主管理组织等决策机构，并设执行机构。理事长等负责人按照法人章程的规定担任法定代表人。捐助法人应当设监事会等监督机构。

14. A，解析：《民法典》第101条规定，居民委员会、村民委员会具有基层群众性自治组织法人资格，可以从事为履行职能所需要的民事活动。未设立村集体经济组织的，村民委员会可以依法代行村集体经济组织的职能。

15. C，解析：《民法典》第104条规定，非法人组织的财产不足以清偿债务的，其出资人或者设立人承担无限责任。法律另有规定的，依照其规定。

16. A，解析：《民法典》第106条规定，有下列情形之一的，非法人组织解散：（1）章程规定的存续期间届满或者章程规定的其他解散事由出现；（2）出资人或者设立人决定解散；（3）法律规定的其他情形。

✢ 三、多选题

1. ABCD，解析：《民法典》第13条规定，自然人从出生时起到死亡时止，具有民事权利能力，依法享有民事权利，承担民事义务。第14条规定，自然人的民事权利能力一律平等。第16条规定，涉及遗产继承、接受赠与等胎儿利益保护的，胎儿视为具有民事权利能力。但是，胎儿娩出时为死体的，其民事权利能力自始不存在。

专题二　看看你是哪种民事主体——民事主体的类型

2. 下列可以证明自然人出生时间的有：（　　）

    A. 出生证明记载的时间

    B. 户籍登记的时间

    C. 身份证登记的时间

    D. 军人身份证件登记的时间

3. 8周岁以上的未成年人可以独立实施的民事法律行为有：（　　）

    A. 纯获利益的民事法律行为

    B. 与其年龄相适应的民事法律行为

    C. 与其智力相适应的民事法律行为

    D. 与其精神健康状况相适应的民事法律行为

4. 下列关于法定代理人的说法正确的有：（　　）

    A. 不满10周岁的未成年人由其法定代理人代理实施民事法律行为

    B. 无民事行为能力人的监护人是其法定代理人

    C. 限制民事行为能力人的监护人是其法定代理人

    D. 不能辨认自己行为的成年人由其法定代理人代理实施民事法律行为

5. 被人民法院认定为无民事行为能力人的，经（　　）申请，人民法院可以根据其智力、精神健康恢复的状况，认定该成年人恢复为完全民事行为能力人。

    A. 本人　　　　　　　　B. 利害关系人

    C. 民政部门　　　　　　D. 残疾人联合会

6. 未成年人的父母已经死亡的，下列有监护能力的人可以担任监护人的有：（　　）

    A. 祖父母

    B. 外祖父母

    C. 兄、姐

    D. 经未成年人住所地的民政部门同意且愿意担任监护人的亲朋好友

2. ABCD，解析：《民法典》第 15 条规定，自然人的出生时间和死亡时间，以出生证明、死亡证明记载的时间为准；没有出生证明、死亡证明的，以户籍登记或者其他有效身份登记记载的时间为准。有其他证据足以推翻以上记载时间的，以该证据证明的时间为准。

3. ABC，解析：《民法典》第 19 条规定，8 周岁以上的未成年人为限制民事行为能力人，实施民事法律行为由其法定代理人代理或者经其法定代理人同意、追认；但是，可以独立实施纯获利益的民事法律行为或者与其年龄、智力相适应的民事法律行为。

4. BCD，解析：《民法典》第 20 条规定，不满 8 周岁的未成年人为无民事行为能力人，由其法定代理人代理实施民事法律行为。《民法典》第 21 条规定，不能辨认自己行为的成年人为无民事行为能力人，由其法定代理人代理实施民事法律行为。《民法典》第 23 条规定，无民事行为能力人、限制民事行为能力人的监护人是其法定代理人。

5. ABCD，解析：《民法典》第 24 条规定，不能辨认或者不能完全辨认自己行为的成年人，其利害关系人或者有关组织，可以向人民法院申请认定该成年人为无民事行为能力人或者限制民事行为能力人。被人民法院认定为无民事行为能力人或者限制民事行为能力人的，经本人、利害关系人或者有关组织申请，人民法院可以根据其智力、精神健康恢复的状况，认定该成年人恢复为限制民事行为能力人或者完全民事行为能力人。本条规定的有关组织包括：居民委员会、村民委员会、学校、医疗机构、妇女联合会、残疾人联合会、依法设立的老年人组织、民政部门等。

6. ABCD，解析：《民法典》第 27 条规定："父母是未成年子女的监护人。未成年人的父母已经死亡或者没有监护能力的，由下列有监护能力的人按顺序担任监护人：（一）祖父母、外祖父母；（二）兄、姐；（三）其他愿意担任监护人的个人或者组织，但是须经未成年人住所地的居民委员会、村民委员会或者民政部门同意。"

专题二　看看你是哪种民事主体——民事主体的类型

7. 监护人的职责有：（　　）

   A. 代理被监护人实施民事法律行为

   B. 保护被监护人的人身权利

   C. 保护被监护人的财产权利

   D. 保护被监护人的合法权益

8. 下列可导致监护关系终止的情形有：（　　）

   A. 被监护人取得或者恢复完全民事行为能力

   B. 监护人丧失监护能力

   C. 被监护人死亡

   D. 监护人死亡

9. 法人应当依法成立。法人应当有自己的（　　）。

   A. 名称　　　　　　　　B. 组织机构

   C. 住所　　　　　　　　D. 财产或者经费

10. 下列关于法人登记的说法正确的是：（　　）

    A. 法人的实际情况与登记的事项不一致的，不得对抗善意相对人

    B. 法人的实际情况与登记的事项不一致的，可以对抗善意相对人

    C. 法人存续期间登记事项发生变化的，应当向登记机关申请变更登记

    D. 法人存续期间登记事项发生变化的，可以向登记机关申请变更登记

11. 下列关于法人合并或者分立的说法正确的是：（　　）

    A. 法人合并的，其权利仍由合并前的法人享有

    B. 法人合并的，其权利由合并后的法人享有

    C. 法人分立的，其权利由分立后的法人享有连带债权

    D. 法人分立的，其权利由分立前的法人享有债权

7. ABCD，解析：《民法典》第34条第1至3款规定，监护人的职责是代理被监护人实施民事法律行为，保护被监护人的人身权利、财产权利以及其他合法权益等。监护人依法履行监护职责产生的权利，受法律保护。监护人不履行监护职责或者侵害被监护人合法权益的，应当承担法律责任。

8. ABCD，解析：《民法典》第39条规定："有下列情形之一的，监护关系终止：（一）被监护人取得或者恢复完全民事行为能力；（二）监护人丧失监护能力；（三）被监护人或者监护人死亡；（四）人民法院认定监护关系终止的其他情形。监护关系终止后，被监护人仍然需要监护的，应当依法另行确定监护人。"

9. ABCD，解析：《民法典》第58条第1、2款规定，法人应当依法成立。法人应当有自己的名称、组织机构、住所、财产或者经费。

10. AC，解析：《民法典》第64条规定，法人存续期间登记事项发生变化的，应当依法向登记机关申请变更登记。《民法典》第65条规定，法人的实际情况与登记的事项不一致的，不得对抗善意相对人。

11. BC，解析：《民法典》第67条规定，法人合并的，其权利和义务由合并后的法人享有和承担。法人分立的，其权利和义务由分立后的法人享有连带债权，承担连带债务，但是债权人和债务人另有约定的除外。

专题二 看看你是哪种民事主体——民事主体的类型

12. 下列关于营利法人的说法正确的是：（　　）

    A. 依法设立的营利法人，由登记机关发给营利法人营业执照

    B. 营业执照签发日期为营利法人的成立日期

    C. 设立营利法人应当依法制定法人章程

    D. 营利法人经依法登记成立

13. 下列机构属于非营利法人的是：（　　）

    A. 基金会　　　　　　　　B. 事业单位

    C. 社会团体　　　　　　　D. 社会服务机构

14. 具备法人条件，为公益目的以捐助财产设立的（　　）等，经依法登记成立，取得捐助法人资格。

    A. 社会团体　　　　　　　B. 基金会

    C. 事业单位　　　　　　　D. 社会服务机构

15. 非法人组织包括：（　　）

    A. 个人独资企业　　　　　B. 专业服务机构

    C. 合伙企业　　　　　　　D. 不具有法人资格的专业服务机构

16. 下列关于非法人组织解散的说法正确的是：（　　）

    A. 非法人组织的权力机构决定解散的，非法人组织解散

    B. 出资人或者设立人决定解散的，非法人组织解散

    C. 非法人组织解散的，应当依法进行清算

    D. 非法人组织解散的，可以不进行清算

✻ 四、填空题

1. 自然人的出生时间，以＿＿＿记载的时间为准；没有出生证明的，以＿＿＿或者＿＿＿记载的时间为准。

2. 成年人为＿＿＿，可以独立实施民事法律行为。＿＿＿周岁以上的＿＿＿，以自己的＿＿＿为主要生活来源的，＿＿＿完全民事行为能力人。

12. ABCD，解析：《民法典》第77条规定，营利法人经依法登记成立。《民法典》第78条规定，依法设立的营利法人，由登记机关发给营利法人营业执照。营业执照签发日期为营利法人的成立日期。《民法典》第79条规定，设立营利法人应当依法制定法人章程。

13. ABCD，解析：《民法典》第87条规定，为公益目的或者其他非营利目的成立，不向出资人、设立人或者会员分配所取得利润的法人，为非营利法人。非营利法人包括事业单位、社会团体、基金会、社会服务机构等。

14. BD，解析：《民法典》第92条第1款规定，具备法人条件，为公益目的以捐助财产设立的基金会、社会服务机构等，经依法登记成立，取得捐助法人资格。

15. ACD，解析：《民法典》第102条规定，非法人组织是不具有法人资格，但是能够依法以自己的名义从事民事活动的组织。非法人组织包括个人独资企业、合伙企业、不具有法人资格的专业服务机构等。

16. BC，解析：《民法典》第106条规定，有下列情形之一的，非法人组织解散：（1）章程规定的存续期间届满或者章程规定的其他解散事由出现；（2）出资人或者设立人决定解散；（3）法律规定的其他情形。《民法典》第107条规定，非法人组织解散的，应当依法进行清算。

❈ 四、填空题

1. 出生证明；户籍登记；其他有效身份登记。(《民法典》第15条)
2. 完全民事行为能力人；16；未成年人；劳动收入；视为。(《民法典》第18条)

专题二 看看你是哪种民事主体——民事主体的类型

3. 8周岁以上的未成年人为____，实施民事法律行为由其法定代理人____或者经其法定代理人____、____；但是，可以独立实施____的民事法律行为或者与其____的民事法律行为。

4. 不能____自己行为的成年人为无民事行为能力人，由其____代理实施民事法律行为。

5. 无民事行为能力人、限制民事行为能力人的____是其法定代理人。

6. 自然人以____或者____为住所；经常居所与住所不一致的，____视为住所。

7. 父母对____子女负有____、____和保护的义务。____对父母负有____、____和保护的义务。

8. 监护人应当按照____的原则履行监护职责。监护人除为维护被监护人利益外，____处分被监护人的财产。

9. 法人应当依法成立。法人应当有自己的____、____、____、____或者____。

10. 法人的民事权利能力和民事行为能力，从____时产生，到____时消灭。

11. 法人的实际情况与登记的事项____的，____对抗善意相对人。

12. 法人被宣告破产的，依法进行____并完成____时，法人终止。

13. 事业单位法人设理事会的，除____另有规定外，理事会为其____。事业单位法人的法定代表人依照____的规定产生。

14. 特别法人包括____、____、____、____。

15. 非法人组织是不具有____资格，但是能够依法以____的名义从事民事活动的组织。非法人组织包括____、____、____等。

16. 非法人组织应当依照法律的规定____。设立非法人组织，法律、行政法规规定须经有关机关____的，依照其规定。

3. 限制民事行为能力人；代理；同意；追认；纯获利益；年龄、智力相适应。(《民法典》第 19 条)

4. 辨认；法定代理人。(《民法典》第 21 条)

5. 监护人。(《民法典》第 23 条)

6. 户籍登记；其他有效身份登记记载的居所；经常居所。(《民法典》第 25 条)

7. 未成年；抚养；教育；成年子女；赡养；扶助。(《民法典》第 26 条)

8. 最有利于被监护人；不得。(《民法典》第 35 条第 1 款)

9. 名称；组织机构；住所；财产；经费。(《民法典》第 58 条第 1、2 款)

10. 法人成立；法人终止。(《民法典》第 59 条)

11. 不一致；不得。(《民法典》第 65 条)

12. 破产清算；法人注销登记。(《民法典》第 73 条)

13. 法律；决策机构；法律、行政法规或者法人章程。(《民法典》第 89 条)

14. 机关法人；农村集体经济组织法人；城镇农村的合作经济组织法人；基层群众性自治组织法人。(《民法典》第 96 条)

15. 法人；自己；个人独资企业；合伙企业；不具有法人资格的专业服务机构。(《民法典》第 102 条)

16. 登记；批准。(《民法典》第 103 条)

📖 专题二　看看你是哪种民事主体——民事主体的类型

✻ 五、简答题

1. 简述撤销监护人资格的条件。

2. 简述监护关系终止的情形。

3. 简述申请宣告死亡的情形。

4. 简述法人解散的情形。

❊ 五、简答题

1. 答：《民法典》第 36 条第 1 款规定，监护人有下列情形之一的，人民法院根据有关个人或者组织的申请，撤销其监护人资格，安排必要的临时监护措施，并按照最有利于被监护人的原则依法指定监护人：（1）实施严重损害被监护人身心健康的行为；（2）怠于履行监护职责，或者无法履行监护职责且拒绝将监护职责部分或者全部委托给他人，导致被监护人处于危困状态；（3）实施严重侵害被监护人合法权益的其他行为。

2. 答：《民法典》第 39 条第 1 款规定，有下列情形之一的，监护关系终止：（1）被监护人取得或者恢复完全民事行为能力；（2）监护人丧失监护能力；（3）被监护人或者监护人死亡；（4）人民法院认定监护关系终止的其他情形。

3. 答：《民法典》第 46 条第 1 款规定，自然人有下列情形之一的，利害关系人可以向人民法院申请宣告该自然人死亡：（1）下落不明满 4 年；（2）因意外事件，下落不明满 2 年。因意外事件下落不明，经有关机关证明该自然人不可能生存的，申请宣告死亡不受 2 年时间的限制。

4. 答：《民法典》第 69 条规定，有下列情形之一的，法人解散：（1）法人章程规定的存续期间届满或者法人章程规定的其他解散事由出现；（2）法人的权力机构决议解散；（3）因法人合并或者分立需要解散；（4）法人依法被吊销营业执照、登记证书，被责令关闭或者被撤销；（5）法律规定的其他情形。

专题三

权利、义务与责任的天平
——民事权利与民事责任

一、判断题

1. 民事主体的财产权利受法律平等保护。（　　）
2. 物包括不动产和动产。（　　）
3. 物权的种类和内容，由法律、行政法规规定。（　　）
4. 依法成立的合同，对当事人具有法律约束力。（　　）
5. 民事权益受到侵害的，被侵权人有权请求侵权人承担侵权责任。（　　）
6. 民事主体按照自己的意愿依法行使民事权利，不受干涉。（　　）
7. 二人以上依法承担按份责任，能够确定责任大小的，各自承担相应的责任；难以确定责任大小的，平均承担责任。（　　）
8. 危险由自然原因引起的，紧急避险人不承担民事责任，可以给予适当补偿。（　　）
9. 因自愿实施紧急救助行为造成受助人损害的，救助人不承担民事责任。（　　）
10. 侵害英雄烈士等的姓名、肖像、名誉、荣誉，损害社会公共利益的，应当承担民事责任。（　　）
11. 因当事人一方的违约行为，损害对方人身权益、财产权益的，受损害方有权选择请求其承担违约责任和侵权责任。（　　）

参考答案

一、判断题

1. √，解析：《民法典》第113条。

2. √，解析：《民法典》第115条。

3. ×，解析：《民法典》第116条规定，物权的种类和内容，由法律规定。

4. √，解析：《民法典》第119条。

5. √，解析：《民法典》第120条。

6. √，解析：《民法典》第130条。

7. √，解析：《民法典》第177条。

8. √，解析：《民法典》第182条第2款。

9. √，解析：《民法典》第184条。

10. √，解析：《民法典》第185条。

11. ×，解析：《民法典》第186条规定，因当事人一方的违约行为，损害对方人身权益、财产权益的，受损害方有权选择请求其承担违约责任或者侵权责任。

专题三 权利、义务与责任的天平——民事权利与民事责任

二、单选题

1. 法人、非法人组织享有的权利不包括：（　　）
   A. 名称权　　　　　　　B. 名誉权
   C. 姓名权　　　　　　　D. 荣誉权

2. 物权的种类和内容，由（　　）规定。
   A. 宪法　　　　　　　　B. 行政法规
   C. 法律　　　　　　　　D. 行政规章

3. 为了（　　）的需要，依照法律规定的权限和程序征收、征用不动产或者动产的，应当给予公平、合理的补偿。
   A. 社会利益　　　　　　B. 集体利益
   C. 公共利益　　　　　　D. 国家利益

4. 没有法定的或者约定的义务，为避免他人利益受损失而进行管理的人，有权请求受益人偿还由此支出的（　　）费用。
   A. 部分　　　　　　　　B. 必要
   C. 全部　　　　　　　　D. 适当

5. 因他人没有（　　）根据，取得不当利益，受损失的人有权请求其返还不当利益。
   A. 事实　　　　　　　　B. 习惯
   C. 现实　　　　　　　　D. 法律

6. 知识产权的权利人可以就下列哪项客体依法享有专有权利？（　　）
   A. 水流　　　　　　　　B. 通用公式
   C. 商业秘密　　　　　　D. 矿产资源

7. 下列不属于承担民事责任的方式的是：（　　）
   A. 停止侵害　　　　　　B. 排除妨碍
   C. 消除危险　　　　　　D. 支付补偿金

二、单选题

1. C，解析：《民法典》第 110 条规定，自然人享有生命权、身体权、健康权、姓名权、肖像权、名誉权、荣誉权、隐私权、婚姻自主权等权利。法人、非法人组织享有名称权、名誉权和荣誉权。

2. C，解析：《民法典》第 116 条规定，物权的种类和内容，由法律规定。

3. C，解析：《民法典》第 117 条规定，为了公共利益的需要，依照法律规定的权限和程序征收、征用不动产或者动产的，应当给予公平、合理的补偿。

4. B，解析：《民法典》第 121 条规定，没有法定的或者约定的义务，为避免他人利益受损失而进行管理的人，有权请求受益人偿还由此支出的必要费用。

5. D，解析：《民法典》第 122 条规定，因他人没有法律根据，取得不当利益，受损失的人有权请求其返还不当利益。

6. C，解析：《民法典》第 123 条规定，民事主体依法享有知识产权。知识产权是权利人依法就下列客体享有的专有的权利：（1）作品；（2）发明、实用新型、外观设计；（3）商标；（4）地理标志；（5）商业秘密；（6）集成电路布图设计；（7）植物新品种；（8）法律规定的其他客体。

7. D，解析：《民法典》第 179 条第 1 款规定，承担民事责任的方式主要有：（1）停止侵害；（2）排除妨碍；（3）消除危险；（4）返还财产；（5）恢复原状；（6）修理、重作、更换；（7）继续履行；（8）赔偿损失；（9）支付违约金；（10）消除影响、恢复名誉；（11）赔礼道歉。

专题三　权利、义务与责任的天平——民事权利与民事责任

8. 不可抗力是( )的客观情况。

   A. 不能预见且不能克服

   B. 不能避免且不能克服

   C. 不能预见且不能避免

   D. 不能预见、不能避免且不能克服

9. 因当事人一方的违约行为，损害对方人身权益、财产权益的，受损害方有权选择请求其承担( )。

   A. 违约责任　　　　　　B. 违约责任和侵权责任

   C. 侵权责任　　　　　　D. 违约责任或者侵权责任

10. 民事主体因同一行为应当承担民事责任、行政责任和刑事责任的，承担行政责任或者刑事责任不影响承担民事责任；民事主体的财产不足以支付的，( )。

    A. 优先用于承担民事责任

    B. 优先用于承担行政责任

    C. 优先用于承担刑事责任

    D. 按比例分别用于承担民事责任、行政责任和刑事责任

三、多选题

1. 自然人享有的权利包括：( )

   A. 身体权　　　　　　　B. 肖像权

   C. 荣誉权　　　　　　　D. 婚姻自主权

2. 任何组织或者个人需要获取他人个人信息的，应当依法取得并确保信息安全，不得非法( )他人个人信息，不得非法买卖、提供或者公开他人个人信息。

   A. 收集　　　　　　　　B. 加工

   C. 使用　　　　　　　　D. 传输

8. D，解析：《民法典》第 180 条规定，因不可抗力不能履行民事义务的，不承担民事责任。法律另有规定的，依照其规定。不可抗力是不能预见、不能避免且不能克服的客观情况。

9. D，解析：《民法典》第 186 条规定，因当事人一方的违约行为，损害对方人身权益、财产权益的，受损害方有权选择请求其承担违约责任或者侵权责任。

10. A，解析：《民法典》第 187 条规定，民事主体因同一行为应当承担民事责任、行政责任和刑事责任的，承担行政责任或者刑事责任不影响承担民事责任；民事主体的财产不足以支付的，优先用于承担民事责任。

三、多选题

1. ABCD，解析：《民法典》第 110 条规定，自然人享有生命权、身体权、健康权、姓名权、肖像权、名誉权、荣誉权、隐私权、婚姻自主权等权利。法人、非法人组织享有名称权、名誉权和荣誉权。

2. ABCD，解析：《民法典》第 111 条规定，自然人的个人信息受法律保护。任何组织或者个人需要获取他人个人信息的，应当依法取得并确保信息安全，不得非法收集、使用、加工、传输他人个人信息，不得非法买卖、提供或者公开他人个人信息。

专题三 权利、义务与责任的天平——民事权利与民事责任

3. 物权包括：（   ）
   A. 著作权　　　　　　　　B. 所有权
   C. 用益物权　　　　　　　D. 担保物权

4. 债权是因（   ）以及法律的其他规定，权利人请求特定义务人为或者不为一定行为的权利。
   A. 侵权行为　　　　　　　B. 合同
   C. 无因管理　　　　　　　D. 不当得利

5. 法律对（   ）等的民事权利保护有特别规定的，依照其规定。
   A. 未成年人　　　　　　　B. 残疾人
   C. 老年人　　　　　　　　D. 妇女

6. 民事权利可以依据（   ）取得。
   A. 民事法律行为　　　　　B. 事实行为
   C. 法律规定的事件　　　　D. 事件

7. 下列关于责任承担的说法正确的是：（   ）
   A. 二人以上依法承担按份责任，能够确定责任大小的，各自承担相应的责任
   B. 二人以上依法承担按份责任，难以确定责任大小的，平均承担责任
   C. 二人以上依法承担连带责任的，权利人有权请求部分连带责任人承担责任
   D. 二人以上依法承担连带责任的，连带责任人的责任份额根据各自责任大小确定

8. 下列属于承担民事责任的方式的是：（   ）
   A. 返还财产　　　　　　　B. 恢复原状
   C. 继续履行　　　　　　　D. 修理、重作、更换

3. BCD，解析：《民法典》第114条第2款规定，物权是权利人依法对特定的物享有直接支配和排他的权利，包括所有权、用益物权和担保物权。

4. ABCD，解析：《民法典》第118条第2款规定，债权是因合同、侵权行为、无因管理、不当得利以及法律的其他规定，权利人请求特定义务人为或者不为一定行为的权利。

5. ABCD，解析：《民法典》第128条规定，法律对未成年人、老年人、残疾人、妇女、消费者等的民事权利保护有特别规定的，依照其规定。

6. ABC，解析：《民法典》第129条规定，民事权利可以依据民事法律行为、事实行为、法律规定的事件或者法律规定的其他方式取得。

7. ABCD，解析：《民法典》第177条规定，二人以上依法承担按份责任，能够确定责任大小的，各自承担相应的责任；难以确定责任大小的，平均承担责任。《民法典》第178条规定，二人以上依法承担连带责任的，权利人有权请求部分或者全部连带责任人承担责任。连带责任人的责任份额根据各自责任大小确定；难以确定责任大小的，平均承担责任。实际承担责任超过自己责任份额的连带责任人，有权向其他连带责任人追偿。连带责任，由法律规定或者当事人约定。

8. ABCD，解析：《民法典》第179条第1款规定，承担民事责任的方式主要有：（1）停止侵害；（2）排除妨碍；（3）消除危险；（4）返还财产；（5）恢复原状；（6）修理、重作、更换；（7）继续履行；（8）赔偿损失；（9）支付违约金；（10）消除影响、恢复名誉；（11）赔礼道歉。

9. 不承担民事责任的情形有：（　　）

   A. 因正当防卫造成损害的

   B. 因不可抗力不能履行民事义务的

   C. 因紧急避险造成损害的

   D. 因不可抗力造成损害的

10. 下列关于紧急避险的说法正确的是：（　　）

    A. 因紧急避险造成损害的，由引起险情发生的人承担民事责任

    B. 危险由自然原因引起的，紧急避险人不承担民事责任，可以给予适当补偿

    C. 危险由自然原因引起的，紧急避险人不承担民事责任，应当给予适当补偿

    D. 紧急避险采取措施不当，造成不应有的损害的，紧急避险人应当承担适当的民事责任

11. 因保护他人民事权益使自己受到损害的，由侵权人承担民事责任，受益人可以给予适当补偿。（　　），受害人请求补偿的，受益人应当给予适当补偿。

    A. 没有侵权人　　　　B. 侵权人不愿承担民事责任

    C. 侵权人逃逸　　　　D. 侵权人无力承担民事责任

12. 侵害英雄烈士等的（　　），损害社会公共利益的，应当承担民事责任。

    A. 姓名　　　　　　　B. 肖像

    C. 名誉　　　　　　　D. 荣誉

✽ 四、填空题

1. 自然人的＿＿＿、人格尊严受法律保护。

2. 自然人享有＿＿＿、身体权、＿＿＿、姓名权、＿＿＿、名誉权、荣誉权、＿＿＿、婚姻自主权等权利。法人、非法人组织享有＿＿＿、名誉权和荣誉权。

9. AB，解析：《民法典》第180条规定，因不可抗力不能履行民事义务的，不承担民事责任。法律另有规定的，依照其规定。不可抗力是不能预见、不能避免且不能克服的客观情况。《民法典》第181条规定，因正当防卫造成损害的，不承担民事责任。正当防卫超过必要的限度，造成不应有的损害的，正当防卫人应当承担适当的民事责任。《民法典》第182条第1款规定，因紧急避险造成损害的，由引起险情发生的人承担民事责任。

10. ABD，解析：《民法典》第182条规定，因紧急避险造成损害的，由引起险情发生的人承担民事责任。危险由自然原因引起的，紧急避险人不承担民事责任，可以给予适当补偿。紧急避险采取措施不当或者超过必要的限度，造成不应有的损害的，紧急避险人应当承担适当的民事责任。

11. ACD，解析：《民法典》第183条规定，因保护他人民事权益使自己受到损害的，由侵权人承担民事责任，受益人可以给予适当补偿。没有侵权人、侵权人逃逸或者无力承担民事责任，受害人请求补偿的，受益人应当给予适当补偿。

12. ABCD，解析：《民法典》第185条规定，侵害英雄烈士等的姓名、肖像、名誉、荣誉，损害社会公共利益的，应当承担民事责任。

❈ 四、填空题

1. 人身自由。(《民法典》第109条)

2. 生命权；健康权；肖像权；隐私权；名称权。(《民法典》第110条)

专题三 权利、义务与责任的天平——民事权利与民事责任

3. 物权是权利人依法对特定的物享有直接____的权利,包括____、____和____。

4. 债权是因____、侵权行为、____、不当得利以及法律的其他规定,权利人请求特定义务人____一定行为的权利。

5. 没有____或者____义务,为避免他人利益受损失而进行____的人,有权请求受益人偿还由此支出的____费用。

6. 知识产权是权利人依法就下列客体享有的专有的权利:(1)作品;(2)____、实用新型、外观设计;(3)____;(4)地理标志;(5)商业秘密;(6)____;(7)植物新品种;(8)法律规定的其他客体。

7. 民事主体____滥用民事权利损害国家利益、____或者他人合法权益。

8. 民事主体依照____或者按照____,履行民事义务,承担民事责任。

9. 因不可抗力不能履行民事义务的,____民事责任。法律另有规定的,依照其规定。不可抗力是不能预见、____且____的客观情况。

10. 因紧急避险造成损害的,由____承担民事责任。

11. 危险由____原因引起的,紧急避险人不承担民事责任,可以给予适当____。

12. 因自愿实施____造成受助人损害的,救助人不承担民事责任。

13. 侵害____烈士等的姓名、肖像、名誉、荣誉,损害____的,应当承担民事责任。

✻ 五、简答题

1. 简述知识产权的客体。
2. 简述承担民事责任的方式。

3. 支配和排他；所有权；用益物权；担保物权。(《民法典》第 114 条第 2 款)

4. 合同；无因管理；为或者不为。(《民法典》第 118 条第 2 款)

5. 法定的；约定的；管理；必要。(《民法典》第 121 条)

6. 发明；商标；集成电路布图设计。(《民法典》第 123 条第 2 款)

7. 不得；社会公共利益。(《民法典》第 132 条)

8. 法律规定；当事人约定。(《民法典》第 176 条)

9. 不承担；不能避免；不能克服。(《民法典》第 180 条)

10. 引起险情发生的人。(《民法典》第 182 条第 1 款)

11. 自然；补偿。(《民法典》第 182 条第 2 款)

12. 紧急救助行为。(《民法典》第 184 条)

13. 英雄；社会公共利益。(《民法典》第 185 条)

❋ 五、简答题

1. 答：《民法典》第 123 条第 2 款规定，知识产权是权利人依法就下列客体享有的专有的权利：(1) 作品；(2) 发明、实用新型、外观设计；(3) 商标；(4) 地理标志；(5) 商业秘密；(6) 集成电路布图设计；(7) 植物新品种；(8) 法律规定的其他客体。

2. 答：《民法典》第 179 条第 1 款规定，承担民事责任的方式主要有：(1) 停止侵害；(2) 排除妨碍；(3) 消除危险；(4) 返还财产；(5) 恢复原状；(6) 修理、重作、更换；(7) 继续履行；(8) 赔偿损失；(9) 支付违约金；(10) 消除影响、恢复名誉；(11) 赔礼道歉。

专题四

民法上的行为——民事法律行为

✳ 一、判断题

1. 民事法律行为是民事主体通过法律规定设立、变更、终止民事法律关系的行为。（　　）
2. 民事法律行为可以采用书面形式、口头形式或者其他形式。（　　）
3. 无相对人的意思表示，表示完成时生效。（　　）
4. 行为人必须以明示方式作出意思表示。（　　）
5. 撤回意思表示的通知可以在意思表示到达相对人后到达相对人。（　　）
6. 限制行为能力人实施的民事法律行为一律无效。（　　）
7. 行为人与相对人以虚假的意思表示实施的民事法律行为无效。（　　）
8. 基于虚假的意思实施的民事法律行为，行为人有权请求人民法院或者仲裁机构予以撤销。（　　）
9. 一方利用对方处于危困状态、缺乏判断能力等情形，致使民事法律行为成立时显失公平的，受损害方有权请求人民法院或者仲裁机构予以撤销。（　　）
10. 违反法律、行政法规的强制性规定的民事法律行为一律无效。（　　）
11. 被撤销的民事法律行为自被撤销后没有法律约束力。（　　）
12. 民事法律行为部分无效导致整体无效。（　　）

参考答案

一、判断题

1. ×，解析：《民法典》第133条规定，民事法律行为是民事主体通过意思表示设立、变更、终止民事法律关系的行为。
2. √，解析：《民法典》第135条。
3. √，解析：《民法典》第138条。
4. ×，解析：《民法典》第140条规定，行为人可以明示或者默示作出意思表示。沉默只有在有法律规定、当事人约定或者符合当事人之间的交易习惯时，才可以视为意思表示。
5. ×，解析：《民法典》第141条规定，行为人可以撤回意思表示。撤回意思表示的通知应当在意思表示到达相对人前或者与意思表示同时到达相对人。
6. ×，解析：《民法典》第143条规定，具备下列条件的民事法律行为有效：（1）行为人具有相应的民事行为能力；（2）意思表示真实；（3）不违反法律、行政法规的强制性规定，不违背公序良俗。
7. √，解析：《民法典》第146条第1款。
8. ×，解析：《民法典》第146条第1款规定，行为人与相对人以虚假的意思表示实施的民事法律行为无效。《民法典》第147条规定，基于重大误解实施的民事法律行为，行为人有权请求人民法院或者仲裁机构予以撤销。
9. √，解析：《民法典》第151条。
10. ×，解析：《民法典》第153条规定，违反法律、行政法规的强制性规定的民事法律行为无效。但是，该强制性规定不导致该民事法律行为无效的除外。违背公序良俗的民事法律行为无效。
11. ×，解析：《民法典》第155条规定，无效的或者被撤销的民事法律行为自始没有法律约束力。
12. ×，解析：《民法典》第156条规定，民事法律行为部分无效，不影响其他部分效力的，其他部分仍然有效。

专题四 民法上的行为——民事法律行为

13. 附条件的民事法律行为，当事人为自己的利益不正当地阻止条件成就的，视为条件已经成就；不正当地促成条件成就的，视为条件不成就。（　　）
14. 附生效期限的民事法律行为，自期限届至时生效。（　　）

二、单选题

1. 下列关于民事法律行为的说法错误的是：（　　）
   A. 民事法律行为是民事主体通过意思表示设立、变更、终止民事法律关系的行为
   B. 民事法律行为可以基于双方或者多方的意思表示一致成立
   C. 民事法律行为不可以基于单方的意思表示成立
   D. 法人依照章程规定的议事方式和表决程序作出决议的，该决议行为成立

2. 以（　　）方式作出的意思表示，相对人知道其内容时生效。
   A. 书面　　　　　　　　B. 口头
   C. 对话　　　　　　　　D. 公证

3. 有相对人的意思表示的解释，应当按照所使用的词句，结合相关条款、行为的性质和目的、习惯以及（　　）原则，确定意思表示的含义。
   A. 公平　　　　　　　　B. 诚信
   C. 平等　　　　　　　　D. 自愿

4. 下列关于无民事行为能力人的说法错误的是：（　　）
   A. 无民事行为能力人实施的民事法律行为无效
   B. 无民事行为能力人实施的民事法律行为经追认后有效
   C. 不满 8 周岁的未成年人为无民事行为能力人
   D. 不能辨认自己行为的成年人为无民事行为能力人

13. √，解析：《民法典》第159条。

14. √，解析：《民法典》第160条。

二、单选题

1. C，解析：《民法典》第133条规定，民事法律行为是民事主体通过意思表示设立、变更、终止民事法律关系的行为。《民法典》第134条规定，民事法律行为可以基于双方或者多方的意思表示一致成立，也可以基于单方的意思表示成立。法人、非法人组织依照法律或者章程规定的议事方式和表决程序作出决议的，该决议行为成立。

2. C，解析：《民法典》第137条第1款规定，以对话方式作出的意思表示，相对人知道其内容时生效。

3. B，解析：《民法典》第142条第1款规定，有相对人的意思表示的解释，应当按照所使用的词句，结合相关条款、行为的性质和目的、习惯以及诚信原则，确定意思表示的含义。

4. B，解析：《民法典》第20条规定，不满8周岁的未成年人为无民事行为能力人，由其法定代理人代理实施民事法律行为。《民法典》第21条规定，不能辨认自己行为的成年人为无民事行为能力人，由其法定代理人代理实施民事法律行为。《民法典》第144条规定，无民事行为能力人实施的民事法律行为无效。

专题四 民法上的行为——民事法律行为

5. 限制民事行为能力人实施的其他民事法律行为经法定代理人同意或者追认后有效。相对人可以催告法定代理人自收到通知之日起（　　）内予以追认。
   A. 3个月　　　　　　　　B. 15日
   C. 30日　　　　　　　　D. 6个月

6. 基于（　　）实施的民事法律行为，行为人有权请求人民法院或者仲裁机构予以撤销。
   A. 虚假的意思表示　　　　B. 误解
   C. 限制民事行为能力人　　D. 重大误解

7. 一方或者第三人以（　　）手段，使对方在违背真实意思的情况下实施的民事法律行为，（　　）有权请求人民法院或者仲裁机构予以撤销。
   A. 引诱；受引诱方　　　　B. 胁迫；受胁迫方
   C. 欺诈；受欺诈方　　　　D. 强制；受强制方

8. 当事人自民事法律行为发生之日起（　　）没有行使撤销权的，撤销权消灭。
   A. 5年内　　　　　　　　B. 1年内
   C. 6个月内　　　　　　　D. 3年内

9. 违背公序良俗的民事法律行为（　　）。
   A. 有效　　　　　　　　　B. 无效
   C. 可撤销　　　　　　　　D. 效力待定

10. 下列关于无效的民事法律行为的法律约束力的说法正确的是：（　　）
    A. 自行为人知道该行为时起没有法律约束力
    B. 自行为人申请该行为无效时起没有法律约束力
    C. 自人民法院确定该行为无效时起没有法律约束力
    D. 自始没有法律约束力

5. C，解析：《民法典》第145条规定，限制民事行为能力人实施的纯获利益的民事法律行为或者与其年龄、智力、精神健康状况相适应的民事法律行为有效；实施的其他民事法律行为经法定代理人同意或者追认后有效。相对人可以催告法定代理人自收到通知之日起30日内予以追认。法定代理人未作表示的，视为拒绝追认。民事法律行为被追认前，善意相对人有撤销的权利。撤销应当以通知的方式作出。

6. D，解析：《民法典》第147条规定，基于重大误解实施的民事法律行为，行为人有权请求人民法院或者仲裁机构予以撤销。

7. B，解析：《民法典》第150条规定，一方或者第三人以胁迫手段，使对方在违背真实意思的情况下实施的民事法律行为，受胁迫方有权请求人民法院或者仲裁机构予以撤销。

8. A，解析：《民法典》第152条第2款规定，当事人自民事法律行为发生之日起5年内没有行使撤销权的，撤销权消灭。

9. B，解析：《民法典》第153条规定，违反法律、行政法规的强制性规定的民事法律行为无效。但是，该强制性规定不导致该民事法律行为无效的除外。违背公序良俗的民事法律行为无效。

10. D，解析：《民法典》第155条规定，无效的或者被撤销的民事法律行为自始没有法律约束力。

11. 民事法律行为无效、被撤销或者确定不发生效力后，行为人因该行为取得的财产，应当予以返还；不能返还或者没有必要返还的，(　　)。

    A. 可以折价赔偿　　　　　　B. 应当折价赔偿

    C. 可以折价补偿　　　　　　D. 应当折价补偿

12. 下列关于附条件的民事法律行为的说法错误的是：(　　)

    A. 民事法律行为可以附条件

    B. 附生效条件的民事法律行为，自条件成就时生效

    C. 所有的民事法律行为都可以附条件

    D. 附解除条件的民事法律行为，自条件成就时失效

❋ 三、多选题

1. 民事法律行为可以基于(　　)成立。

    A. 单方的意思表示　　　　　B. 双方的意思表示一致

    C. 法律规定　　　　　　　　D. 多方的意思表示一致

2. 民事法律行为可以采用的形式有：(　　)

    A. 书面　　　　　　　　　　B. 口头

    C. 公证　　　　　　　　　　D. 登记

3. 行为人(　　)，不得擅自变更或者解除民事法律行为。

    A. 非依人民法院判决　　　　B. 非依仲裁机构裁决

    C. 非依法律规定　　　　　　D. 未经对方同意

4. 下列关于意思表示的生效时间的说法正确的是：(　　)

    A. 以对话方式作出的意思表示，相对人知道其内容时生效

    B. 以非对话方式作出的意思表示，到达相对人时生效

    C. 无相对人的意思表示，表示完成时生效

    D. 以公告方式作出的意思表示，公告发布时生效

11. D，解析：《民法典》第 157 条规定，民事法律行为无效、被撤销或者确定不发生效力后，行为人因该行为取得的财产，应当予以返还；不能返还或者没有必要返还的，应当折价补偿。有过错的一方应当赔偿对方由此所受到的损失；各方都有过错的，应当各自承担相应的责任。法律另有规定的，依照其规定。

12. C，解析：《民法典》第 158 条规定，民事法律行为可以附条件，但是根据其性质不得附条件的除外。附生效条件的民事法律行为，自条件成就时生效。附解除条件的民事法律行为，自条件成就时失效。

✤ 三、多选题

1. ABCD，解析：《民法典》第 134 条规定，民事法律行为可以基于双方或者多方的意思表示一致成立，也可以基于单方的意思表示成立。法人、非法人组织依照法律或者章程规定的议事方式和表决程序作出决议的，该决议行为成立。

2. ABCD，解析：《民法典》第 135 条规定，民事法律行为可以采用书面形式、口头形式或者其他形式；法律、行政法规规定或者当事人约定采用特定形式的，应当采用特定形式。

3. CD，解析：《民法典》第 136 条规定，民事法律行为自成立时生效，但是法律另有规定或者当事人另有约定的除外。行为人非依法律规定或者未经对方同意，不得擅自变更或者解除民事法律行为。

4. ABCD，解析：《民法典》第 137 条规定，以对话方式作出的意思表示，相对人知道其内容时生效。以非对话方式作出的意思表示，到达相对人时生效。以非对话方式作出的采用数据电文形式的意思表示，相对人指定特定系统接收数据电文的，该数据电文进入该特定系统时生效；未指定特定系统的，相对人知道或者应当知道该数据电文进入其系统时生效。当事人对采用数据电文形式的意思表示的生效时间另有约定的，按照其约定。《民法典》第 138 条规定，无相对人的意思表示，表示完成时生效。法律另有规定的，依照其规定。《民法典》第 139 条规定，以公告方式作出的意思表示，公告发布时生效。

5. 沉默只有在（　　）时，才可以视为意思表示。
   A. 符合当地交易习惯　　　　B. 符合当事人之间的交易习惯
   C. 有当事人约定　　　　　　D. 有法律规定

6. 行为人可以撤回意思表示。撤回意思表示的通知应当（　　）到达相对人。
   A. 在意思表示到达相对人前　B. 在意思表示到达相对人后
   C. 与意思表示同时　　　　　D. 以上情形都可以

7. 民事法律行为有效的条件有：（　　）
   A. 行为人具有相应的民事行为能力
   B. 意思表示真实
   C. 不违反法律、行政法规的强制性规定
   D. 不违背公序良俗

8. 限制民事行为能力人实施的（　　）民事法律行为有效。
   A. 纯获利益的
   B. 与其年龄、智力、精神健康状况相适应的
   C. 经法定代理人追认的
   D. 经法定代理人同意的

9. 下列民事法律行为无效的是：（　　）
   A. 无民事行为能力人实施的民事法律行为
   B. 行为人与相对人以虚假的意思表示实施的民事法律行为
   C. 限制民事行为能力人实施的民事法律行为
   D. 以虚假的意思表示隐藏的民事法律行为

5. BCD，解析：《民法典》第140条规定，行为人可以明示或者默示作出意思表示。沉默只有在有法律规定、当事人约定或者符合当事人之间的交易习惯时，才可以视为意思表示。

6. AC，解析：《民法典》第141条规定，行为人可以撤回意思表示。撤回意思表示的通知应当在意思表示到达相对人前或者与意思表示同时到达相对人。

7. ABCD，解析：《民法典》第143条规定，具备下列条件的民事法律行为有效：（1）行为人具有相应的民事行为能力；（2）意思表示真实；（3）不违反法律、行政法规的强制性规定，不违背公序良俗。

8. ABCD，解析：《民法典》第145条规定，限制民事行为能力人实施的纯获利益的民事法律行为或者与其年龄、智力、精神健康状况相适应的民事法律行为有效；实施的其他民事法律行为经法定代理人同意或者追认后有效。相对人可以催告法定代理人自收到通知之日起30日内予以追认。法定代理人未作表示的，视为拒绝追认。民事法律行为被追认前，善意相对人有撤销的权利。撤销应当以通知的方式作出。

9. AB，解析：《民法典》第144条规定，无民事行为能力人实施的民事法律行为无效。《民法典》第145条第1款规定，限制民事行为能力人实施的纯获利益的民事法律行为或者与其年龄、智力、精神健康状况相适应的民事法律行为有效；实施的其他民事法律行为经法定代理人同意或者追认后有效。《民法典》第146条规定，行为人与相对人以虚假的意思表示实施的民事法律行为无效。以虚假的意思表示隐藏的民事法律行为的效力，依照有关法律规定处理。

专题四 民法上的行为——民事法律行为

10. 以下哪些民事法律行为可以请求人民法院或者仲裁机构予以撤销？（　　）

    A. 一方利用对方处于危困状态、缺乏判断能力等情形，致使民事法律行为成立时显失公平的

    B. 第三人实施欺诈行为，使一方在违背真实意思的情况下实施的民事法律行为，对方知道或者应当知道该欺诈行为的

    C. 一方或者第三人以胁迫手段，使对方在违背真实意思的情况下实施的民事法律行为

    D. 一方以欺诈手段，使对方在违背真实意思的情况下实施的民事法律行为

11. 下列关于无效的民事法律行为的说法正确的是：（　　）

    A. 行为人与相对人恶意串通，损害他人合法权益的民事法律行为无效

    B. 违背公序良俗的民事法律行为无效

    C. 违反法律的强制性规定的民事法律行为无效，但该强制性规定不导致该民事法律行为无效的除外

    D. 限制民事行为能力人实施的民事法律行为无效

12. 下列关于附条件和附期限的民事法律行为的说法正确的是：（　　）

    A. 附生效条件的民事法律行为，自条件成就时生效

    B. 附解除条件的民事法律行为，自条件成就时失效

    C. 附生效期限的民事法律行为，自期限届至时生效

    D. 附终止期限的民事法律行为，自期限届满时失效

四、填空题

1. 民事法律行为可以基于____的意思表示一致成立，也可以基于____的意思表示成立。法人、非法人组织依照法律或者章程规定的____作出决议的，该决议行为成立。

45

10. ABCD，解析：《民法典》第148条规定，一方以欺诈手段，使对方在违背真实意思的情况下实施的民事法律行为，受欺诈方有权请求人民法院或者仲裁机构予以撤销。《民法典》第149条规定，第三人实施欺诈行为，使一方在违背真实意思的情况下实施的民事法律行为，对方知道或者应当知道该欺诈行为的，受欺诈方有权请求人民法院或者仲裁机构予以撤销。《民法典》第150条规定，一方或者第三人以胁迫手段，使对方在违背真实意思的情况下实施的民事法律行为，受胁迫方有权请求人民法院或者仲裁机构予以撤销。《民法典》第151条规定，一方利用对方处于危困状态、缺乏判断能力等情形，致使民事法律行为成立时显失公平的，受损害方有权请求人民法院或者仲裁机构予以撤销。

11. ABC，解析：《民法典》第145条第1款规定，限制民事行为能力人实施的纯获利益的民事法律行为或者与其年龄、智力、精神健康状况相适应的民事法律行为有效；实施的其他民事法律行为经法定代理人同意或者追认后有效。《民法典》第153条规定，违反法律、行政法规的强制性规定的民事法律行为无效。但是，该强制性规定不导致该民事法律行为无效的除外。违背公序良俗的民事法律行为无效。《民法典》第154条规定，行为人与相对人恶意串通，损害他人合法权益的民事法律行为无效。

12. ABCD，解析：《民法典》第158条规定，民事法律行为可以附条件，但是根据其性质不得附条件的除外。附生效条件的民事法律行为，自条件成就时生效。附解除条件的民事法律行为，自条件成就时失效。《民法典》第160条规定，民事法律行为可以附期限，但是根据其性质不得附期限的除外。附生效期限的民事法律行为，自期限届至时生效。附终止期限的民事法律行为，自期限届满时失效。

❉ 四、填空题

1. 双方或者多方；单方；议事方式和表决程序。（《民法典》第134条）

专题四 民法上的行为——民事法律行为

2. 民事法律行为可以采用____形式、____形式或者其他形式；法律、行政法规规定或者当事人约定采用特定形式的，应当采用特定形式。

3. 以对话方式作出的意思表示，相对人____时生效。以非对话方式作出的意思表示，____时生效。

4. 行为人可以____或者____作出意思表示。沉默只有在有法律规定、____或者符合当事人之间的____时，才可以视为意思表示。

5. ____的意思表示的解释，____拘泥于所使用的词句，而应当结合____、行为的性质和目的、____以及诚信原则，确定行为人的真实意思。

6. 具备下列条件的民事法律行为有效：（1）行为人具有相应的____；（2）意思表示真实；（3）不违反法律、行政法规的强制性规定，不违背____。

7. 限制民事行为能力人实施的____的民事法律行为或者与其____、____、____相适应的民事法律行为有效；实施的其他民事法律行为经法定代理人____或者____后有效。

8. 一方或者第三人以胁迫手段，使对方在违背____的情况下实施的民事法律行为，受胁迫方有权请求人民法院或者仲裁机构予以____。

9. 一方利用对方处于____、____等情形，致使民事法律行为成立时____的，受损害方有权请求人民法院或者仲裁机构予以撤销。

10. 当事人自知道或者应当知道撤销事由之日起____内、____的当事人自知道或者应当知道撤销事由之日起____内没有行使撤销权，撤销权消灭。

11. 当事人受胁迫，自胁迫行为终止之日起____内没有行使撤销权，撤销权消灭。

12. 当事人自民事法律行为发生之日起____内没有行使撤销权的，撤销权消灭。

13. 行为人与相对人____，损害他人合法权益的民事法律行为无效。

2. 书面；口头。(《民法典》第135条)

3. 知道其内容；到达相对人。(《民法典》第137条)

4. 明示；默示；当事人约定；交易习惯。(《民法典》第140条)

5. 无相对人；不能完全；相关条款；习惯。(《民法典》第142条第2款)

6. 民事行为能力；公序良俗。(《民法典》第143条)

7. 纯获利益；年龄；智力；精神健康状况；同意；追认。(《民法典》第145条第1款)

8. 真实意思；撤销。(《民法典》第150条)

9. 危困状态；缺乏判断能力；显失公平。(《民法典》第151条)

10. 1年；重大误解；90日。(《民法典》第152条第1款第1项)

11. 1年。(《民法典》第152条第1款第2项)

12. 5年。(《民法典》第152条第2款)

13. 恶意串通。(《民法典》第154条)

14. 民事法律行为部分无效，不影响其他部分效力的，其他部分仍然____。
15. 民事法律行为可以附条件，但是根据其____不得附条件的除外。
16. 附生效期限的民事法律行为，自期限____时生效。附终止期限的民事法律行为，自期限____时失效。

✵ 五、简答题

简述撤销权消灭的情形。

14. 有效。(《民法典》第 156 条)

15. 性质。(《民法典》第 158 条)

16. 届至；届满。(《民法典》第 160 条)

❋ **五、简答题**

答：《民法典》152 条规定，有下列情形之一的，撤销权消灭：（1）当事人自知道或者应当知道撤销事由之日起 1 年内、重大误解的当事人自知道或者应当知道撤销事由之日起 90 日内没有行使撤销权；（2）当事人受胁迫，自胁迫行为终止之日起 1 年内没有行使撤销权；（3）当事人知道撤销事由后明确表示或者以自己的行为表明放弃撤销权。当事人自民事法律行为发生之日起 5 年内没有行使撤销权的，撤销权消灭。

专题五

你的行为我认可——代理

❋ 一、判断题

1. 代理人在代理权限外，以被代理人名义实施的民事法律行为，对被代理人发生效力。（　　）
2. 委托代理人按照法律的规定行使代理权。（　　）
3. 数人为同一代理事项的代理人的，应当分别行使代理权。（　　）
4. 代理人不得以被代理人的名义与自己实施民事法律行为，但是被代理人同意或者追认的除外。（　　）
5. 法人或者非法人组织对执行其工作任务的人员职权范围的限制，不得对抗相对人。（　　）
6. 行为人没有代理权、超越代理权或者代理权终止后，仍然实施代理行为，相对人有理由相信行为人有代理权的，代理行为无效。（　　）
7. 被代理人死亡后，被代理人的继承人予以承认的，委托代理人实施的代理行为有效。（　　）
8. 代理人丧失民事行为能力，法定代理终止。（　　）

❋ 二、单选题

1. 代理人在代理权限内，以（　　）名义实施的民事法律行为，对被代理人发生效力。

   A. 被代理人　　　　　　B. 自己

   C. 代理人　　　　　　　D. 第三人

参考答案

❋ 一、判断题

1. ×，解析：《民法典》第162条规定，代理人在代理权限内，以被代理人名义实施的民事法律行为，对被代理人发生效力。

2. ×，解析：《民法典》第163条规定，代理包括委托代理和法定代理。委托代理人按照被代理人的委托行使代理权。法定代理人依照法律的规定行使代理权。

3. ×，解析：《民法典》第166条规定，数人为同一代理事项的代理人的，应当共同行使代理权，但当事人另有约定的除外。

4. √，解析：《民法典》第168条第1款。

5. ×，解析：《民法典》第170条第2款规定，法人或者非法人组织对执行其工作任务的人员职权范围的限制，不得对抗善意相对人。

6. ×，解析：《民法典》第172条规定，行为人没有代理权、超越代理权或者代理权终止后，仍然实施代理行为，相对人有理由相信行为人有代理权的，代理行为有效。

7. √，解析：《民法典》第174条。

8. √，解析：《民法典》第175条。

❋ 二、单选题

1. A，解析：《民法典》第162条规定，代理人在代理权限内，以被代理人名义实施的民事法律行为，对被代理人发生效力。

2. 代理人和相对人恶意串通，损害被代理人合法权益的，代理人和相对人应当承担（　　）责任。
   A. 违约　　　　　　　　B. 侵权
   C. 赔偿　　　　　　　　D. 连带

3. 下列关于授权委托书的说法正确的是：（　　）
   A. 授权委托书应当载明被代理人的姓名或者名称、代理事项、权限和期限，并由被代理人签名和盖章
   B. 授权委托书应当载明代理人的姓名或者名称、代理事项、权限和期限，并由代理人签名和盖章
   C. 授权委托书应当载明被代理人的姓名或者名称、代理事项、权限和期限，并由代理人签名或者盖章
   D. 授权委托书应当载明代理人的姓名或者名称、代理事项、权限和期限，并由被代理人签名或者盖章

4. 代理人不得以被代理人的名义与自己同时代理的其他人实施民事法律行为，但是（　　）同意或者追认的除外。
   A. 被代理人　　　　　　B. 代理人
   C. 被代理的双方　　　　D. 同时代理的其他人

5. 行为人没有代理权、超越代理权或者代理权终止后，仍然实施代理行为，相对人有理由相信行为人有代理权的，代理行为（　　）。
   A. 无效　　　　　　　　B. 效力待定
   C. 有效　　　　　　　　D. 经追认后有效

6. 被代理人死亡后，（　　）的，委托代理人实施的代理行为有效。
   A. 代理人知道被代理人死亡
   B. 被代理人的继承人不予承认
   C. 授权中明确代理权在代理事务完成时终止
   D. 被代理人死亡后实施，为了被代理人的继承人的利益继续代理

2. D，解析：《民法典》第164条第2款规定，代理人和相对人恶意串通，损害被代理人合法权益的，代理人和相对人应当承担连带责任。

3. D，解析：《民法典》第165条规定，委托代理授权采用书面形式的，授权委托书应当载明代理人的姓名或者名称、代理事项、权限和期限，并由被代理人签名或者盖章。

4. C，解析：《民法典》第168条第2款规定，代理人不得以被代理人的名义与自己同时代理的其他人实施民事法律行为，但是被代理的双方同意或者追认的除外。

5. C，解析：《民法典》第172条规定，行为人没有代理权、超越代理权或者代理权终止后，仍然实施代理行为，相对人有理由相信行为人有代理权的，代理行为有效。

6. C，解析：《民法典》第174条规定，被代理人死亡后，有下列情形之一的，委托代理人实施的代理行为有效：（1）代理人不知道且不应当知道被代理人死亡；（2）被代理人的继承人予以承认；（3）授权中明确代理权在代理事务完成时终止；（4）被代理人死亡前已经实施，为了被代理人的继承人的利益继续代理。作为被代理人的法人、非法人组织终止的，参照适用前述规定。

7. 法定代理终止的情形不包括：(　　)

　　A. 被代理人恢复完全民事行为能力

　　B. 代理人丧失民事行为能力

　　C. 被代理人取得限制民事行为能力

　　D. 代理人死亡

三、多选题

1. 依照(　　)，应当由本人亲自实施的民事法律行为，不得代理。

　　A. 国际公约　　　　　　B. 当事人约定

　　C. 法律规定　　　　　　D. 民事法律行为的性质

2. 下列关于代理人的说法正确的是：(　　)

　　A. 委托代理人按照被代理人的委托行使代理权

　　B. 法定代理人依照法律的规定行使代理权

　　C. 代理人不履行职责，造成被代理人损害的，应当承担民事责任

　　D. 代理人和相对人恶意串通，损害被代理人合法权益的，代理人和相对人应当承担连带责任

3. 下列行为被代理人和代理人应当承担连带责任的是：(　　)

　　A. 代理人知道或者应当知道代理事项违法没有实施代理行为的

　　B. 代理人知道或者应当知道代理事项违法仍然实施代理行为的

　　C. 被代理人知道或者应当知道代理人的代理行为违法且表示反对的

　　D. 被代理人知道或者应当知道代理人的代理行为违法未作反对表示的

4. 下列关于行为人没有代理权，仍然实施代理行为的说法正确的是：(　　)

　　A. 未经被代理人追认的，对被代理人不发生效力

　　B. 相对人可以催告被代理人自收到通知之日起30日内予以追认

　　C. 行为人实施的行为未被追认的，善意相对人有权请求行为人履行债务

　　D. 行为人实施的行为被追认前，善意相对人有撤销的权利

7. C，解析：《民法典》第175条规定，有下列情形之一的，法定代理终止：(1)被代理人取得或者恢复完全民事行为能力；(2)代理人丧失民事行为能力；(3)代理人或者被代理人死亡；(4)法律规定的其他情形。

三、多选题

1. BCD，解析：《民法典》第161条第2款规定，依照法律规定、当事人约定或者民事法律行为的性质，应当由本人亲自实施的民事法律行为，不得代理。

2. ABCD，解析：《民法典》第163条规定，代理包括委托代理和法定代理。委托代理人按照被代理人的委托行使代理权。法定代理人依照法律的规定行使代理权。《民法典》第164条规定，代理人不履行或者不完全履行职责，造成被代理人损害的，应当承担民事责任。代理人和相对人恶意串通，损害被代理人合法权益的，代理人和相对人应当承担连带责任。

3. BD，解析：《民法典》第167条规定，代理人知道或者应当知道代理事项违法仍然实施代理行为，或者被代理人知道或者应当知道代理人的代理行为违法未作反对表示的，被代理人和代理人应当承担连带责任。

4. ABCD，解析：《民法典》第171条规定，行为人没有代理权、超越代理权或者代理权终止后，仍然实施代理行为，未经被代理人追认的，对被代理人不发生效力。相对人可以催告被代理人自收到通知之日起30日内予以追认。被代理人未作表示的，视为拒绝追认。行为人实施的行为被追认前，善意相对人有撤销的权利。撤销应当以通知的方式作出。行为人实施的行为未被追认的，善意相对人有权请求行为人履行债务或者就其受到的损害请求行为人赔偿。但是，赔偿的范围不得超过被代理人追认时相对人所能获得的利益。相对人知道或者应当知道行为人无权代理的，相对人和行为人按照各自的过错承担责任。

5. 行为人（　　），仍然实施代理行为，相对人有理由相信行为人有代理权的，代理行为有效。
   A. 代理权中止　　　　　　B. 没有代理权
   C. 超越代理权　　　　　　D. 代理权终止后

四、填空题

1. 依照法律规定、____或者民事法律行为的性质，应当由____的民事法律行为，____代理。
2. 委托代理人按照____行使代理权。法定代理人依照____行使代理权。
3. 代理人____或者____职责，造成被代理人损害的，应当承担民事责任。
4. 委托代理授权采用____形式的，授权委托书应当载明代理人的姓名或者名称、____、权限和期限，并由被代理人____。
5. 代理人不得以被代理人的名义与____实施民事法律行为，但是被代理人____的除外。

五、简答题

简述委托代理终止的情形。

5. BCD，解析：《民法典》第 172 条规定，行为人没有代理权、超越代理权或者代理权终止后，仍然实施代理行为，相对人有理由相信行为人有代理权的，代理行为有效。

四、填空题

1. 当事人约定；本人亲自实施；不得。(《民法典》第 161 条第 2 款)
2. 被代理人的委托；法律的规定。(《民法典》第 163 条第 2 款)
3. 不履行；不完全履行。(《民法典》第 164 条第 1 款)
4. 书面；代理事项；签名或者盖章。(《民法典》第 165 条)
5. 自己；同意或者追认。(《民法典》第 168 条第 1 款)

五、简答题

答：《民法典》第 173 条规定，有下列情形之一的，委托代理终止：（1）代理期间届满或者代理事务完成；（2）被代理人取消委托或者代理人辞去委托；（3）代理人丧失民事行为能力；（4）代理人或者被代理人死亡；（5）作为代理人或者被代理人的法人、非法人组织终止。

专题六

时间的力量——诉讼时效与期间

❈ 一、判断题

1. 当事人约定同一债务分期履行的，诉讼时效期间自第一期履行期限届满之日起计算。（　　）
2. 无民事行为能力人或者限制民事行为能力人对其法定代理人的请求权的诉讼时效期间，自该法定代理终止之日起计算。（　　）
3. 未成年人遭受性侵害的损害赔偿请求权的诉讼时效期间，自受害人年满18周岁之日起计算。（　　）
4. 人民法院不得主动适用诉讼时效的规定。（　　）
5. 登记的动产物权的权利人请求返还财产，适用诉讼时效的规定。（　　）
6. 诉讼时效的期间、计算方法以及中止、中断的事由由法律规定或者当事人约定。（　　）
7. 按照年、月、日计算期间的，自开始的当日进行计算。（　　）
8. 按照年、月计算期间的，到期月的对应日为期间的最后一日；没有对应日的，月末日为期间的最后一日。（　　）

❈ 二、单选题

1. 向人民法院请求保护民事权利的诉讼时效期间为（　　）。法律另有规定的，依照其规定。
   A. 6个月　　　　　　　　B. 1年
   C. 2年　　　　　　　　　D. 3年

参考答案

❋ 一、判断题

1. ×，解析：《民法典》第189条规定，当事人约定同一债务分期履行的，诉讼时效期间自最后一期履行期限届满之日起计算。

2. √，解析：《民法典》第190条。

3. √，解析：《民法典》第191条。

4. √，解析：《民法典》第193条。

5. ×，解析：《民法典》第196条规定，下列请求权不适用诉讼时效的规定：（1）请求停止侵害、排除妨碍、消除危险；（2）不动产物权和登记的动产物权的权利人请求返还财产；（3）请求支付抚养费、赡养费或者扶养费；（4）依法不适用诉讼时效的其他请求权。

6. ×，解析：《民法典》第197条第1款规定，诉讼时效的期间、计算方法以及中止、中断的事由由法律规定，当事人约定无效。

7. ×，解析：《民法典》第201条第1款规定，按照年、月、日计算期间的，开始的当日不计入，自下一日开始计算。

8. √，解析：《民法典》第202条。

❋ 二、单选题

1. D，解析：《民法典》第188条第1款规定，向人民法院请求保护民事权利的诉讼时效期间为3年。法律另有规定的，依照其规定。

2. 自权利受到损害之日起超过（　　）的，人民法院不予保护，有特殊情况的，人民法院可以根据权利人的申请决定延长。

　　A. 5 年　　　　　B. 10 年　　　　C. 20 年　　　　D. 30 年

3. 未成年人遭受性侵害的损害赔偿请求权的诉讼时效期间，自（　　）之日起计算。

　　A. 未成年人知道或者应当知道权利受到损害以及义务人

　　B. 受害人年满 18 周岁

　　C. 该法定代理中止

　　D. 该法定代理终止

4. 在诉讼时效期间的最后（　　）内，因不可抗力，不能行使请求权的，诉讼时效中止。

　　A. 15 日　　　　B. 1 个月　　　　C. 3 个月　　　　D. 6 个月

5. 当事人对诉讼时效利益的预先放弃（　　）。

　　A. 有效　　　　　　　　　　B. 效力待定

　　C. 无效　　　　　　　　　　D. 经确认后有效

6. 按照年、月计算期间的，到期月的（　　）为期间的最后一日。

　　A. 对应日　　　　　　　　　B. 对应日的前一日

　　C. 月末日　　　　　　　　　D. 对应日的后一日

✳ 三、多选题

1. 下列关于诉讼时效期间的说法正确的是：（　　）

　　A. 向人民法院请求保护民事权利的诉讼时效期间为 3 年

　　B. 当事人约定同一债务分期履行的，诉讼时效期间自第一期履行期限届满之日起计算

　　C. 自权利受到损害之日起超过 20 年的，人民法院不予保护

　　D. 无民事行为能力人或者限制民事行为能力人对其法定代理人的请求权的诉讼时效期间，自该法定代理终止之日起计算

2. C，解析：《民法典》第188条第2款规定，诉讼时效期间自权利人知道或者应当知道权利受到损害以及义务人之日起计算。法律另有规定的，依照其规定。但是，自权利受到损害之日起超过20年的，人民法院不予保护，有特殊情况的，人民法院可以根据权利人的申请决定延长。

3. B，解析：《民法典》第191条规定，未成年人遭受性侵害的损害赔偿请求权的诉讼时效期间，自受害人年满18周岁之日起计算。

4. D，解析：《民法典》第194条规定，在诉讼时效期间的最后6个月内，因下列障碍，不能行使请求权的，诉讼时效中止：（1）不可抗力；（2）无民事行为能力人或者限制民事行为能力人没有法定代理人，或者法定代理人死亡、丧失民事行为能力、丧失代理权；（3）继承开始后未确定继承人或者遗产管理人；（4）权利人被义务人或者其他人控制；（5）其他导致权利人不能行使请求权的障碍。自中止时效的原因消除之日起满6个月，诉讼时效期间届满。

5. C，解析：《民法典》第197条第2款规定，当事人对诉讼时效利益的预先放弃无效。

6. A，解析：《民法典》第202条规定，按照年、月计算期间的，到期月的对应日为期间的最后一日；没有对应日的，月末日为期间的最后一日。

三、多选题

1. ACD，解析：《民法典》第188条规定，向人民法院请求保护民事权利的诉讼时效期间为3年。法律另有规定的，依照其规定。诉讼时效期间自权利人知道或者应当知道权利受到损害以及义务人之日起计算。法律另有规定的，依照其规定。但是，自权利受到损害之日起超过20年的，人民法院不予保护，有特殊情况的，人民法院可以根据权利人的申请决定延长。《民法典》第189条规定，当事人约定同一债务分期履行的，诉讼时效期间自最后一期履行期限届满之日起计算。《民法典》第190条规定，无民事行为能力人或者限制民事行为能力人对其法定代理人的请求权的诉讼时效期间，自该法定代理终止之日起计算。

专题六 时间的力量——诉讼时效与期间

2. 有( )的,诉讼时效中断,从中断、有关程序终结时起,诉讼时效期间重新计算。

   A. 权利人向义务人提出履行请求

   B. 义务人同意履行义务

   C. 权利人提起诉讼

   D. 权利人申请仲裁

3. 下列不适用诉讼时效的是:( )

   A. 请求停止侵害　　　　B. 请求排除妨碍

   C. 请求消除危险　　　　D. 请求支付抚养费

4. 诉讼时效的( )由法律规定,当事人约定无效。

   A. 期间　　　　　　　　B. 计算方法

   C. 中止的事由　　　　　D. 中断的事由

5. 民法所称的期间按照公历( )计算。

   A. 年　　　　　　　　　B. 月

   C. 日　　　　　　　　　D. 小时

6. 下列关于期间的最后一日的说法正确的是:( )

   A. 期间的最后一日是法定休假日的,以法定休假日前的工作日为期间的最后一日

   B. 期间的最后一日是法定休假日的,以法定休假日结束的次日为期间的最后一日

   C. 期间的最后一日的截止时间为 12 时

   D. 期间的最后一日的截止时间,有业务时间的,停止业务活动的时间为截止时间

✵ 四、填空题

1. 向人民法院请求保护民事权利的诉讼时效期间为____。法律另有规定的,依照其规定。

2. ABCD，解析：《民法典》第195条规定，有下列情形之一的，诉讼时效中断，从中断、有关程序终结时起，诉讼时效期间重新计算：（1）权利人向义务人提出履行请求；（2）义务人同意履行义务；（3）权利人提起诉讼或者申请仲裁；（4）与提起诉讼或者申请仲裁具有同等效力的其他情形。

3. ABCD，解析：《民法典》第196条规定，下列请求权不适用诉讼时效的规定：（1）请求停止侵害、排除妨碍、消除危险；（2）不动产物权和登记的动产物权的权利人请求返还财产；（3）请求支付抚养费、赡养费或者扶养费；（4）依法不适用诉讼时效的其他请求权。

4. ABCD，解析：《民法典》第197条第1款规定，诉讼时效的期间、计算方法以及中止、中断的事由由法律规定，当事人约定无效。

5. ABCD，解析：《民法典》第200条规定，民法所称的期间按照公历年、月、日、小时计算。

6. BD，解析：《民法典》第203条规定，期间的最后一日是法定休假日的，以法定休假日结束的次日为期间的最后一日。期间的最后一日的截止时间为24时；有业务时间的，停止业务活动的时间为截止时间。

四、填空题

1. 3年。(《民法典》第188条第1款)

2. 诉讼时效期间自权利人知道或者应当知道____以及____之日起计算。法律另有规定的，依照其规定。但是，自权利受到损害之日起超过____的，人民法院不予保护，有特殊情况的，人民法院可以根据权利人的申请____延长。

3. 未成年人遭受性侵害的损害赔偿请求权的诉讼时效期间，自____之日起计算。

4. 诉讼时效期间届满后，义务人同意履行的，不得以____为由抗辩；义务人已经自愿履行的，不得请求____。

5. 下列请求权不适用诉讼时效的规定：（1）请求停止侵害、____、消除危险；（2）不动产物权和登记的动产物权的权利人请求____；（3）请求支付抚养费、____或者扶养费；（4）依法不适用诉讼时效的其他请求权。

6. 按照年、月、日计算期间的，开始的____不计入，自____开始计算。

7. 按照年、月计算期间的，到期月的____为期间的最后一日；没有对应日的，____为期间的最后一日。

✻ 五、简答题

简述导致诉讼时效中止的情形。

2. 权利受到损害；义务人；20 年；决定。(《民法典》第 188 条第 2 款)

3. 受害人年满 18 周岁。(《民法典》第 191 条)

4. 诉讼时效期间届满；返还。(《民法典》第 192 条第 2 款)

5. 排除妨碍；返还财产；赡养费。(《民法典》第 196 条)

6. 当日；下一日。(《民法典》第 201 条第 1 款)

7. 对应日；月末日。(《民法典》第 202 条)

五、简答题

答：《民法典》第 194 条规定，在诉讼时效期间的最后 6 个月内，因下列障碍，不能行使请求权的，诉讼时效中止：（1）不可抗力；（2）无民事行为能力人或者限制民事行为能力人没有法定代理人，或者法定代理人死亡、丧失民事行为能力、丧失代理权；（3）继承开始后未确定继承人或者遗产管理人；（4）权利人被义务人或者其他人控制；（5）其他导致权利人不能行使请求权的障碍。自中止时效的原因消除之日起满 6 个月，诉讼时效期间届满。

专题七

法律上的"物"及相关权利

一、判断题

1. 国家、集体、私人的物权和其他权利人的物权受法律平等保护,任何组织或者个人不得侵犯。(   )
2. 不动产物权的设立、变更、转让和消灭,无论是否登记,均发生效力,但是法律另有规定的除外。(   )
3. 动产物权设立和转让前,权利人已经占有该动产的,物权自权利人占有该动产时发生效力。(   )
4. 因继承取得物权的,自继承开始时发生效力。(   )
5. 处分不动产物权,未经登记亦可发生物权效力。(   )
6. 物权受到侵害的,权利人可以通过和解、调解、仲裁、诉讼等途径解决。(   )
7. 造成不动产或者动产毁损的,权利人可以依法请求修理、重作、更换或者恢复原状。(   )
8. 所有权人有权在自己的不动产或者动产上设立用益物权和担保物权。(   )
9. 森林、山岭、草原、荒地、滩涂等自然资源,无一例外全部属于国家所有。(   )
10. 业主对其建筑物共有部分享有占有、使用、收益和处分的权利。(   )

参考答案

一、判断题

1. √，解析：《民法典》第207条。

2. ×，解析：《民法典》第209条规定，不动产物权的设立、变更、转让和消灭，经依法登记，发生效力；未经登记，不发生效力，但是法律另有规定的除外。依法属于国家所有的自然资源，所有权可以不登记。

3. ×，解析：《民法典》第226条规定，动产物权设立和转让前，权利人已经占有该动产的，物权自民事法律行为生效时发生效力。

4. √，解析：《民法典》第230条。

5. ×，解析：《民法典》第232条规定，处分依照本节规定享有的不动产物权，依照法律规定需要办理登记的，未经登记，不发生物权效力。

6. √，解析：《民法典》第233条。

7. √，解析：《民法典》第237条。

8. √，解析：《民法典》第241条。

9. ×，解析：《民法典》第250条规定，森林、山岭、草原、荒地、滩涂等自然资源，属于国家所有，但是法律规定属于集体所有的除外。

10. ×，解析：《民法典》第272条规定，业主对其建筑物专有部分享有占有、使用、收益和处分的权利。业主行使权利不得危及建筑物的安全，不得损害其他业主的合法权益。

11. 不动产的相邻权利人应当按照有利生产、方便生活、团结互助、公平合理的原则，正确处理相邻关系。（　　）
12. 不动产或者动产可以由两个以上组织、个人共有。（　　）
13. 按份共有人可以转让其享有的共有的不动产或者动产份额。其他共有人在同等条件下享有优先购买的权利。（　　）
14. 拾得人在遗失物送交有关部门前，有关部门在遗失物被领取前，应当妥善保管遗失物。（　　）
15. 原则上，担保物权人在债务人不履行到期债务或者发生当事人约定的实现担保物权的情形，依法享有就担保财产优先受偿的权利。（　　）
16. 质权人有权收取质押财产的孳息。（　　）
17. 占有的不动产或者动产毁损、灭失，该不动产或者动产的权利人请求赔偿的，占有人应当承担赔偿责任。（　　）

二、单选题

1. 关于物权的公示原则，以下说法错误的是：（　　）
   A. 不动产物权的设立和变更，应当依照法律规定登记
   B. 动产物权的设立和转让，应当依照法律规定登记
   C. 不动产物权的转让和消灭，应当依照法律规定登记
   D. 动产物权的设立和转让，应当依照法律规定交付

2. 不动产物权的设立，依照法律规定应当登记的，自（　　）时发生效力。
   A. 不动产物权交付　　　　B. 取得不动产权属证书
   C. 记载于不动产登记簿　　D. 不动产物权合同签订

11. √，解析：《民法典》第288条。

12. √，解析：《民法典》第297条。

13. √，解析：《民法典》第305条。

14. √，解析：《民法典》第316条。

15. √，解析：《民法典》第386条。

16. √，解析：《民法典》第430条。

17. ×，解析：《民法典》第461条规定，占有的不动产或者动产毁损、灭失，该不动产或者动产的权利人请求赔偿的，占有人应当将因毁损、灭失取得的保险金、赔偿金或者补偿金等返还给权利人；权利人的损害未得到足够弥补的，恶意占有人还应当赔偿损失。

二、单选题

1. B，解析：《民法典》第208条规定，不动产物权的设立、变更、转让和消灭，应当依照法律规定登记。动产物权的设立和转让，应当依照法律规定交付。

2. C，解析：《民法典》第214条规定，不动产物权的设立、变更、转让和消灭，依照法律规定应当登记的，自记载于不动产登记簿时发生效力。

3. 关于预告登记，以下说法错误的是：（　　）
   A. 当事人签订买卖房屋的协议或者签订其他不动产物权的协议，按照约定可以向登记机构申请预告登记
   B. 预告登记后，未经预告登记的权利人同意，处分该不动产的，发生物权效力
   C. 预告登记后，债权消灭或者自能够进行不动产登记之日起90日内未申请登记的，预告登记失效
   D. 预告登记是为了保障将来实现物权

4. 动产物权的设立和转让，自（　　）时发生效力，但是法律另有规定的除外。
   A. 登记　　　　　　　　B. 合同成立
   C. 合同生效　　　　　　D. 交付

5. 因合法建造、拆除房屋等事实行为设立或者消灭物权的，自（　　）时发生效力。
   A. 物权登记　　　　　　B. 事实行为成就
   C. 物权转让　　　　　　D. 不动产交付

6. 关于耕地的保护，以下说法错误的是：（　　）
   A. 我国对耕地实行特殊保护
   B. 我国适当限制农用地转为建设用地
   C. 我国控制建设用地总量
   D. 不得违反法律规定的权限和程序征收集体所有的土地

7. 无居民海岛属于国家所有，（　　）代表国家行使无居民海岛所有权。
   A. 全国人大　　　　　　B. 国务院
   C. 全国人大常委会　　　D. 国有企业

8. 国家机关对其直接支配的不动产和动产，不享有（　　）的权利。
   A. 占有　　　　　　　　B. 使用
   C. 收益　　　　　　　　D. 依照法律和国务院的有关规定处分

3. B，解析：《民法典》第221条规定，当事人签订买卖房屋的协议或者签订其他不动产物权的协议，为保障将来实现物权，按照约定可以向登记机构申请预告登记。预告登记后，未经预告登记的权利人同意，处分该不动产的，不发生物权效力。预告登记后，债权消灭或者自能够进行不动产登记之日起90日内未申请登记的，预告登记失效。

4. D，解析：《民法典》第224条规定，动产物权的设立和转让，自交付时发生效力，但是法律另有规定的除外。

5. B，解析：《民法典》第231条规定，因合法建造、拆除房屋等事实行为设立或者消灭物权的，自事实行为成就时发生效力。

6. B，解析：《民法典》第244条规定，国家对耕地实行特殊保护，严格限制农用地转为建设用地，控制建设用地总量。不得违反法律规定的权限和程序征收集体所有的土地。

7. B，解析：《民法典》第248条规定，无居民海岛属于国家所有，国务院代表国家行使无居民海岛所有权。

8. C，解析：《民法典》第255条规定，国家机关对其直接支配的不动产和动产，享有占有、使用以及依照法律和国务院的有关规定处分的权利。

9. 集体所有的不动产和动产不包括：（　　）

   A. 矿藏 　　　　　　　　　B. 集体所有的建筑物

   C. 集体所有的土地 　　　　D. 集体所有的教育设施

10. 私人对（　　）不享有所有权。

    A. 合法的收入　　　　　　B. 城市的土地

    C. 合法的生活用品　　　　D. 合法的生产工具、原材料

11. 关于建筑物区分所有权共有部分的权利义务，以下说法错误的是：（　　）

    A. 业主对建筑物专有部分以外的共有部分，享有权利

    B. 业主对建筑物专有部分以外的共有部分，承担义务

    C. 业主对建筑物专有部分以外的共有部分，不得以放弃权利为由不履行义务

    D. 业主转让建筑物内的住宅、经营性用房，其对共有部分享有的共有和共同管理的权利可以分别转让

12. 关于建筑物及其附属设施的费用分摊、收益分配，以下说法错误的是：（　　）

    A. 建筑物及其附属设施的费用分摊，有约定的，按照约定

    B. 建筑物及其附属设施的收益分配，有约定的，按照约定

    C. 没有约定或者约定不明确的，按照业主人数占比确定

    D. 没有约定或者约定不明确的，按照业主专有部分面积所占比例确定

13. 关于相邻关系，以下说法错误的是：（　　）

    A. 法律、法规对处理相邻关系有规定的，依照其规定

    B. 法律、法规没有规定的，可以按照当地习惯

    C. 处理相邻关系首先按照当地习惯处理

    D. 不动产的相邻权利人应当按照有利生产、方便生活、团结互助、公平合理的原则，正确处理相邻关系

9. A，解析：《民法典》第260条规定，集体所有的不动产和动产包括：（1）法律规定属于集体所有的土地和森林、山岭、草原、荒地、滩涂；（2）集体所有的建筑物、生产设施、农田水利设施；（3）集体所有的教育、科学、文化、卫生、体育等设施；（4）集体所有的其他不动产和动产。

10. B，解析：《民法典》第266条规定，私人对其合法的收入、房屋、生活用品、生产工具、原材料等不动产和动产享有所有权。

11. D，解析：《民法典》第273条规定，业主对建筑物专有部分以外的共有部分，享有权利，承担义务；不得以放弃权利为由不履行义务。业主转让建筑物内的住宅、经营性用房，其对共有部分享有的共有和共同管理的权利一并转让。

12. C，解析：《民法典》第283条规定，建筑物及其附属设施的费用分摊、收益分配等事项，有约定的，按照约定；没有约定或者约定不明确的，按照业主专有部分面积所占比例确定。

13. C，解析：《民法典》第289条规定，法律、法规对处理相邻关系有规定的，依照其规定；法律、法规没有规定的，可以按照当地习惯。

14. 关于维护相邻不动产安全，以下说法错误的是：（　　）

    A. 不动产权利人挖掘土地，不得危及相邻不动产的安全

    B. 不动产权利人建造建筑物，不得危及相邻不动产的安全

    C. 不动产权利人铺设管线，应当尽量避免危及相邻不动产的安全

    D. 不动产权利人安装设备，不得危及相邻不动产的安全

15. 关于共有物的分割，以下说法错误的是：（　　）

    A. 因分割造成其他共有人损害的，可以给予适当补偿

    B. 共有人有重大理由需要分割的，可以请求分割

    C. 没有约定或者约定不明确的，按份共有人可以随时请求分割，共同共有人在共有的基础丧失或者有重大理由需要分割时可以请求分割

    D. 共有人约定不得分割共有的不动产或者动产，以维持共有关系的，应当按照约定

16. 关于按份共有的优先购买权，以下说法错误的是：（　　）

    A. 按份共有人转让其享有的共有的不动产的，应当将转让条件及时通知其他共有人

    B. 其他共有人应当在合理期限内行使优先购买权

    C. 两个以上其他共有人主张行使优先购买权的，协商确定各自的购买比例

    D. 协商不成的，由转让时共有份额多的共有人行使优先购买权

17. 关于善意取得的构成要件，以下说法错误的是：（　　）

    A. 受让人受让该不动产或者动产时是善意

    B. 以合理的价格转让

    C. 转让的不动产或者动产依照法律规定应当登记的已经登记，不需要登记的已经交付给受让人

    D. 善意取得制度的适用前提是有权处分

14. C，解析：《民法典》第295条规定，不动产权利人挖掘土地、建造建筑物、铺设管线以及安装设备等，不得危及相邻不动产的安全。

15. A，解析：《民法典》第303条规定，共有人约定不得分割共有的不动产或者动产，以维持共有关系的，应当按照约定，但是共有人有重大理由需要分割的，可以请求分割；没有约定或者约定不明确的，按份共有人可以随时请求分割，共同共有人在共有的基础丧失或者有重大理由需要分割时可以请求分割。因分割造成其他共有人损害的，应当给予赔偿。

16. D，解析：《民法典》第306条规定，按份共有人转让其享有的共有的不动产或者动产份额的，应当将转让条件及时通知其他共有人。其他共有人应当在合理期限内行使优先购买权。两个以上其他共有人主张行使优先购买权的，协商确定各自的购买比例；协商不成的，按照转让时各自的共有份额比例行使优先购买权。

17. D，解析：《民法典》第311条规定，无处分权人将不动产或者动产转让给受让人的，所有权人有权追回；除法律另有规定外，符合下列情形，受让人取得该不动产或者动产的所有权：（1）受让人受让该不动产或者动产时是善意的；（2）以合理的价格转让；（3）转让的不动产或者动产依照法律规定应当登记的已经登记，不需要登记的已经交付给受让人。受让人依照前款规定取得不动产或者动产的所有权的，原所有权人有权向无处分权人请求损害赔偿。当事人善意取得其他物权的，参照适用前两款规定。

18. 关于遗失物的保管费用以及悬赏广告，以下说法错误的是：(　　)

   A. 权利人领取遗失物时，应当向拾得人或者有关部门支付保管遗失物等支出的必要费用

   B. 权利人悬赏寻找遗失物的，领取遗失物时应当按照承诺履行义务

   C. 拾得人侵占遗失物的，无权请求保管遗失物等支出的费用

   D. 拾得人侵占遗失物的，有权请求权利人按照承诺履行义务

19. 关于设立担保物权，以下说法错误的是：(　　)

   A. 应当依照法律的规定订立担保合同

   B. 主债权债务合同是担保合同的从合同

   C. 主债权债务合同无效，担保合同无效，但是法律另有规定的除外

   D. 担保合同被确认无效后，债务人、担保人、债权人有过错的，应当根据其过错各自承担相应的民事责任

20. 下列财产可以抵押的是：(　　)

   A. 土地所有权

   B. 医疗设施

   C. 学校、幼儿园、医疗机构等以公益为目的成立的非营利法人的教育设施

   D. 建设用地使用权

21. 关于质权的设立，以下说法错误的是：(　　)

   A. 设立质权，当事人可以采用口头形式订立质押合同

   B. 质押合同一般包括被担保债权的种类和数额

   C. 质押合同一般包括债务人履行债务的期限

   D. 质押合同一般包括质押财产的名称、数量等情况

22. 占有人因使用占有的不动产或者动产，致使该不动产或者动产受到损害的，(　　)应当承担赔偿责任。

   A. 担保物权人　　　　B. 用益物权人

   C. 善意占有人　　　　D. 恶意占有人

18. D，解析：《民法典》第317条规定，权利人领取遗失物时，应当向拾得人或者有关部门支付保管遗失物等支出的必要费用。权利人悬赏寻找遗失物的，领取遗失物时应当按照承诺履行义务。拾得人侵占遗失物的，无权请求保管遗失物等支出的费用，也无权请求权利人按照承诺履行义务。

19. B，解析：《民法典》第388条规定，设立担保物权，应当依照本法和其他法律的规定订立担保合同。担保合同包括抵押合同、质押合同和其他具有担保功能的合同。担保合同是主债权债务合同的从合同。主债权债务合同无效，担保合同无效，但是法律另有规定的除外。担保合同被确认无效后，债务人、担保人、债权人有过错的，应当根据其过错各自承担相应的民事责任。

20. D，解析：《民法典》第399条规定，下列财产不得抵押：（1）土地所有权；（2）宅基地、自留地、自留山等集体所有土地的使用权，但是法律规定可以抵押的除外；（3）学校、幼儿园、医疗机构等为公益目的成立的非营利法人的教育设施、医疗卫生设施和其他公益设施；（4）所有权、使用权不明或者有争议的财产；（5）依法被查封、扣押、监管的财产；（6）法律、行政法规规定不得抵押的其他财产。

21. A，解析：《民法典》第427条规定，设立质权，当事人应当采用书面形式订立质押合同。质押合同一般包括下列条款：（1）被担保债权的种类和数额；（2）债务人履行债务的期限；（3）质押财产的名称、数量等情况；（4）担保的范围；（5）质押财产交付的时间、方式。

22. D，解析：《民法典》第459条规定，占有人因使用占有的不动产或者动产，致使该不动产或者动产受到损害的，恶意占有人应当承担赔偿责任。

专题七 法律上的"物"及相关权利

✽ 三、多选题

1. 关于不动产登记簿与不动产权属证书的关系，以下说法正确的是：（　　）
   A. 不动产权属证书是权利人享有该不动产物权的证明
   B. 不动产登记簿是物权归属和内容的根据
   C. 不动产权属证书记载的事项，应当与不动产登记簿一致
   D. 记载不一致的，除有证据证明不动产登记簿确有错误外，以不动产登记簿为准

2. 关于简易交付，以下说法错误的是：（　　）
   A. 动产物权设立和转让前，权利人已经占有该动产的，物权自权利人占有该动产时发生效力
   B. 动产物权设立和转让前，权利人已经占有该动产的，物权自动产物权登记时发生效力
   C. 动产物权设立和转让前，权利人已经占有该动产的，物权自民事法律行为成立时发生效力
   D. 动产物权设立和转让前，权利人已经占有该动产的，物权自民事法律行为生效时发生效力

3. 关于返还原物请求权，以下说法正确的是：（　　）
   A. 无权占有不动产的，权利人可以请求返还原物
   B. 无权占有动产的，权利人可以请求返还原物
   C. 无权占有不动产的，权利人不得请求返还原物
   D. 权利人请求无权占有人返还原物属于返还原物请求权的内容

4. 所有权人对自己的不动产或者动产，依法享有（　　）的权利。
   A. 占有   B. 使用
   C. 收益   D. 处分

三、多选题

1. **ABCD**,解析:《民法典》第216条第1款规定,不动产登记簿是物权归属和内容的根据。《民法典》第217条规定,不动产权属证书是权利人享有该不动产物权的证明。不动产权属证书记载的事项,应当与不动产登记簿一致;记载不一致的,除有证据证明不动产登记簿确有错误外,以不动产登记簿为准。

2. **ABC**,解析:《民法典》第226条规定,动产物权设立和转让前,权利人已经占有该动产的,物权自民事法律行为生效时发生效力。

3. **ABD**,解析:《民法典》第235条规定,无权占有不动产或者动产的,权利人可以请求返还原物。

4. **ABCD**,解析:《民法典》第240条规定,所有权人对自己的不动产或者动产,依法享有占有、使用、收益和处分的权利。

5. 下列关于征收的表述正确的是：(　　)

   A. 为了公共利益的需要，依照法律规定的权限和程序可以征收集体所有的土地和组织、个人的房屋以及其他不动产

   B. 征收集体所有的土地，应当依法及时足额支付土地补偿费、安置补助费以及农村村民住宅、其他地上附着物和青苗等的补偿费用

   C. 征收组织、个人的房屋以及其他不动产，应当依法给予征收补偿，维护被征收人的合法权益

   D. 任何组织或者个人不得贪污、挪用、私分、截留、拖欠征收补偿费等费用

6. 关于国家所有权及其行使，以下说法正确的是：(　　)

   A. 法律规定属于国家所有的财产，属于国家所有即全民所有

   B. 国有财产原则上由国务院代表国家行使所有权

   C. 法律关于国家所有权及其行使另有规定的，依照其规定

   D. 国有财产原则上由全国人大代表国家行使所有权

7. (　　)属于国家所有。

   A. 法律规定属于国家所有的文物

   B. 无线电频谱资源

   C. 城市的土地

   D. 法律规定属于国家所有的野生动植物资源

8. 国家机关对其直接支配的不动产和动产，享有(　　)的权利。

   A. 占有

   B. 使用

   C. 收益

   D. 依照法律和国务院的有关规定处分

5. ABCD，解析：《民法典》第 243 条规定，为了公共利益的需要，依照法律规定的权限和程序可以征收集体所有的土地和组织、个人的房屋以及其他不动产。征收集体所有的土地，应当依法及时足额支付土地补偿费、安置补助费以及农村村民住宅、其他地上附着物和青苗等的补偿费用，并安排被征地农民的社会保障费用，保障被征地农民的生活，维护被征地农民的合法权益。征收组织、个人的房屋以及其他不动产，应当依法给予征收补偿，维护被征收人的合法权益；征收个人住宅的，还应当保障被征收人的居住条件。任何组织或者个人不得贪污、挪用、私分、截留、拖欠征收补偿费等费用。

6. ABC，解析：《民法典》第 246 条规定，法律规定属于国家所有的财产，属于国家所有即全民所有。国有财产由国务院代表国家行使所有权。法律另有规定的，依照其规定。

7. ABCD，解析：《民法典》第 249 条规定，城市的土地，属于国家所有。法律规定属于国家所有的农村和城市郊区的土地，属于国家所有。《民法典》第 251 条规定，法律规定属于国家所有的野生动植物资源，属于国家所有。《民法典》第 252 条规定，无线电频谱资源属于国家所有。《民法典》第 253 条规定，法律规定属于国家所有的文物，属于国家所有。

8. ABD，解析：《民法典》第 255 条规定，国家机关对其直接支配的不动产和动产，享有占有、使用以及依照法律和国务院的有关规定处分的权利。

9. 关于企业出资人，以下说法正确的是：（　　）

    A. 国家、集体和私人依法可以出资设立有限责任公司、股份有限公司或者其他企业

    B. 国家、集体和私人所有的不动产或者动产投到企业的，由出资人按照约定或者出资比例享有资产收益等权利并履行义务

    C. 国家、集体和私人所有的不动产或者动产投到企业的，由出资人按照约定或者出资比例享有重大决策等权利并履行义务

    D. 国家、集体和私人所有的不动产或者动产投到企业的，由出资人按照约定或者出资比例享有选择经营管理者等权利并履行义务

10. 关于社会团体法人、捐助法人所有权的保护，以下说法正确的是：（　　）

    A. 社会团体法人依法所有的不动产，受法律保护

    B. 社会团体法人依法所有的动产，受法律保护

    C. 捐助法人依法所有的不动产，受法律保护

    D. 捐助法人依法所有的动产，受法律保护

11. 关于业主共同决定的事项，以下说法正确的是：（　　）

    A. 制定和修改业主大会议事规则，应当经参与表决专有部分面积过半数的业主且参与表决人数过半数的业主同意

    B. 选聘和解聘物业服务企业或者其他管理人，应当经参与表决专有部分面积过半数的业主且参与表决人数过半数的业主同意

    C. 改建、重建建筑物及其附属设施，应当经参与表决专有部分面积 3/4 以上的业主且参与表决人数 3/4 以上的业主同意

    D. 使用建筑物及其附属设施的维修资金，应当经参与表决专有部分面积过半数的业主且参与表决人数过半数的业主同意

9. ABCD，解析：《民法典》第268条规定，国家、集体和私人依法可以出资设立有限责任公司、股份有限公司或者其他企业。国家、集体和私人所有的不动产或者动产投到企业的，由出资人按照约定或者出资比例享有资产收益、重大决策以及选择经营管理者等权利并履行义务。

10. ABCD，解析：《民法典》第270条规定，社会团体法人、捐助法人依法所有的不动产和动产，受法律保护。

11. ABCD，解析：《民法典》第278条规定，下列事项由业主共同决定：（1）制定和修改业主大会议事规则；（2）制定和修改管理规约；（3）选举业主委员会或者更换业主委员会成员；（4）选聘和解聘物业服务企业或者其他管理人；（5）使用建筑物及其附属设施的维修资金；（6）筹集建筑物及其附属设施的维修资金；（7）改建、重建建筑物及其附属设施；（8）改变共有部分的用途或者利用共有部分从事经营活动；（9）有关共有和共同管理权利的其他重大事项。业主共同决定事项，应当由专有部分面积占比2/3以上的业主且人数占比2/3以上的业主参与表决。决定前款第6项至第8项规定的事项，应当经参与表决专有部分面积3/4以上的业主且参与表决人数3/4以上的业主同意。决定前款其他事项，应当经参与表决专有部分面积过半数的业主且参与表决人数过半数的业主同意。

12. 关于业主权益的保护，以下说法正确的是：（　　）
    A. 业主对建设单位侵害自己合法权益的行为，有权请求其承担民事责任
    B. 业主对物业服务企业侵害自己合法权益的行为，有权请求其承担民事责任
    C. 业主对其他管理人侵害自己合法权益的行为，有权请求其承担民事责任
    D. 业主对物业服务企业侵害其他业主合法权益的行为，有权请求其承担民事责任

13. 关于相邻关系利用相邻土地、建筑物，以下说法正确的是：（　　）
    A. 不动产权利人因建造、修缮建筑物必须利用相邻土地，该土地的权利人应当提供必要的便利
    B. 不动产权利人因建造、修缮建筑物必须利用相邻建筑物的，该建筑物的权利人应当提供必要的便利
    C. 不动产权利人因铺设电线、电缆、水管、暖气和燃气管线等必须利用相邻土地的，该土地的权利人应当提供必要的便利
    D. 不动产权利人因铺设电线、电缆、水管、暖气和燃气管线等必须利用相邻建筑物的，该建筑物的权利人应当提供必要的便利

14. 关于共有物的处分，以下说法正确的是：（　　）
    A. 处分共有的不动产或者动产，原则上应当经占份额2/3以上的按份共有人或者全体共同共有人同意
    B. 对共有的不动产或者动产作重大修缮的，原则上应当经占份额2/3以上的按份共有人或者全体共同共有人同意
    C. 对共有的不动产或者动产变更性质或者用途的，原则上应当经占份额2/3以上的按份共有人或者全体共同共有人同意
    D. 处分共有的不动产或者动产，原则上应当经占份额3/4以上的按份共有人或者全体共同共有人同意

12. ABC，解析：《民法典》第287条规定，业主对建设单位、物业服务企业或者其他管理人以及其他业主侵害自己合法权益的行为，有权请求其承担民事责任。

13. ABCD，解析：《民法典》第292条规定，不动产权利人因建造、修缮建筑物以及铺设电线、电缆、水管、暖气和燃气管线等必须利用相邻土地、建筑物的，该土地、建筑物的权利人应当提供必要的便利。

14. ABC，解析：《民法典》第301条规定，处分共有的不动产或者动产以及对共有的不动产或者动产作重大修缮、变更性质或者用途的，应当经占份额2/3以上的按份共有人或者全体共同共有人同意，但是共有人之间另有约定的除外。

15. 关于按份共有份额的确定，以下说法正确的是：(　　)
    A. 按份共有份额确定的前提是，按份共有人对共有的份额没有约定或者约定不明确
    B. 没有约定或者约定不明确的，按照出资额确定
    C. 不能确定出资额的，视为等额享有
    D. 不能确定出资额的，视为单独所有

16. 关于遗失物的转让，以下说法正确的是：(　　)
    A. 遗失物通过转让被他人占有的，权利人有权向无处分权人请求损害赔偿
    B. 权利人有权自知道或者应当知道受让人之日起2年内向受让人请求返还原物
    C. 受让人通过拍卖或者向具有经营资格的经营者购得该遗失物的，权利人请求返还原物时应当支付受让人所付的费用
    D. 权利人向受让人支付所付费用后，有权向无处分权人追偿

17. 关于无人认领的遗失物，以下说法正确的是：(　　)
    A. 有关部门在遗失物被领取前，应当妥善保管遗失物
    B. 有关部门收到遗失物，知道权利人的，应当及时通知其领取
    C. 有关部门收到遗失物，不知道权利人的，应当及时发布招领公告
    D. 遗失物自发布招领公告之日起1年内无人认领的，归国家所有

18. 担保物权的担保范围包括(　　)。
    A. 主债权及其利息　　　　B. 违约金
    C. 损害赔偿金　　　　　　D. 保管担保财产和实现担保物权的费用

19. 抵押合同一般包括下列条款：(　　)
    A. 被担保债权的种类和数额
    B. 债务人履行债务的期限
    C. 抵押财产的名称、数量等情况
    D. 担保的范围

15. ABC，解析：《民法典》第 309 条规定，按份共有人对共有的不动产或者动产享有的份额，没有约定或者约定不明确的，按照出资额确定；不能确定出资额的，视为等额享有。

16. ABCD，解析：《民法典》第 312 条规定，所有权人或者其他权利人有权追回遗失物。该遗失物通过转让被他人占有的，权利人有权向无处分权人请求损害赔偿，或者自知道或者应当知道受让人之日起 2 年内向受让人请求返还原物；但是，受让人通过拍卖或者向具有经营资格的经营者购得该遗失物的，权利人请求返还原物时应当支付受让人所付的费用。权利人向受让人支付所付费用后，有权向无处分权人追偿。

17. ABCD，解析：《民法典》第 318 条规定，遗失物自发布招领公告之日起 1 年内无人认领的，归国家所有。

18. ABCD，解析：《民法典》第 389 条规定，担保物权的担保范围包括主债权及其利息、违约金、损害赔偿金、保管担保财产和实现担保物权的费用。当事人另有约定的，按照其约定。

19. ABCD，解析：《民法典》第 400 条规定，设立抵押权，当事人应当采用书面形式订立抵押合同。抵押合同一般包括下列条款：（1）被担保债权的种类和数额；（2）债务人履行债务的期限；（3）抵押财产的名称、数量等情况；（4）担保的范围。

20. 关于抵押权的处分，以下说法正确的是：（   ）

    A. 抵押权不得与债权分离而单独转让

    B. 债权转让的，担保该债权的抵押权一并转让

    C. 关于债权转让，法律另有规定或者当事人另有约定的，依该规定、约定

    D. 抵押权可以与债权分离而单独转让

21. 质押合同一般包括下列条款的有：（   ）

    A. 担保的范围

    B. 质押财产交付的时间、方式

    C. 被担保债权的种类和数额

    D. 债务人履行债务的期限

22. 关于质物返还及质权实现，以下说法正确的是：（   ）

    A. 债务人履行债务或者出质人提前清偿所担保的债权的，质权人应当返还质押财产

    B. 债务人不履行到期债务或者发生当事人约定的实现质权的情形，质权人可以与出质人协议以质押财产折价

    C. 债务人不履行到期债务或者发生当事人约定的实现质权的情形，质权人可以就拍卖、变卖质押财产所得的价款优先受偿

    D. 质押财产折价或者变卖的，应当参照市场价格

23. 关于占有，以下说法正确的是：（   ）

    A. 占有的不动产或者动产被侵占的，占有人有权请求返还原物

    B. 对妨害占有的行为，占有人有权请求排除妨害或者消除危险

    C. 因侵占或者妨害造成损害的，占有人有权请求损害赔偿

    D. 占有人返还原物的请求权，自侵占发生之日起1年内未行使的，该请求权消灭

20. ABC，解析：《民法典》第407条规定，抵押权不得与债权分离而单独转让或者作为其他债权的担保。债权转让的，担保该债权的抵押权一并转让，但是法律另有规定或者当事人另有约定的除外。

21. ABCD，解析：《民法典》第427条规定，设立质权，当事人应当采用书面形式订立质押合同。质押合同一般包括下列条款：（1）被担保债权的种类和数额；（2）债务人履行债务的期限；（3）质押财产的名称、数量等情况；（4）担保的范围；（5）质押财产交付的时间、方式。

22. ABCD，解析：《民法典》第436条规定，债务人履行债务或者出质人提前清偿所担保的债权的，质权人应当返还质押财产。债务人不履行到期债务或者发生当事人约定的实现质权的情形，质权人可以与出质人协议以质押财产折价，也可以就拍卖、变卖质押财产所得的价款优先受偿。质押财产折价或者变卖的，应当参照市场价格。

23. ABCD，解析：《民法典》第462条规定，占有的不动产或者动产被侵占的，占有人有权请求返还原物；对妨害占有的行为，占有人有权请求排除妨害或者消除危险；因侵占或者妨害造成损害的，占有人有权请求损害赔偿。占有人返还原物的请求权，自侵占发生之日起1年内未行使的，该请求权消灭。

四、填空题

1. ____的设立、变更、转让和消灭，经依法登记，发生效力；未经登记，不发生效力，但是法律另有规定的除外。依法属于____，所有权可以不登记。

2. 不动产登记簿是____的根据。不动产登记簿由____管理。

3. ____是权利人享有该不动产物权的证明。不动产权属证书记载的事项，应当与不动产登记簿一致；记载不一致的，除有证据证明不动产登记簿确有错误外，以____为准。

4. 动产物权设立和转让前，权利人已经占有该动产的，物权自____时发生效力。

5. 因人民法院、仲裁机构的法律文书或者人民政府的征收决定等，导致物权设立、变更、转让或者消灭的，自____时发生效力。

6. 侵害物权，造成权利人损害的，权利人可以依法请求____，也可以依法请求承担其他民事责任。

7. 国家对耕地实行____，严格限制____，控制____。不得违反法律规定的____征收集体所有的土地。

8. 国家所有的财产受法律保护，禁止任何组织或者个人____、____、____、____、____。

9. 私人对其合法的____、____、____、____、____等不动产和动产享有所有权。

10. 私人的合法财产受法律保护，禁止任何组织或者个人____、____、____。

11. 业主不得违反法律、法规以及管理规约，将住宅改变为经营性用房。业主将住宅改变为经营性用房的，除遵守法律、法规以及管理规约外，____经有利害关系的业主____。

❋ 四、填空题

1. 不动产物权；国家所有的自然资源。(《民法典》第209条)

2. 物权归属和内容；登记机构。(《民法典》第216条)

3. 不动产权属证书；不动产登记簿。(《民法典》第217条)

4. 民事法律行为生效。(《民法典》第226条)

5. 法律文书或者征收决定等生效。(《民法典》第229条)

6. 损害赔偿。(《民法典》第238条)

7. 特殊保护；农用地转为建设用地；建设用地总量；权限和程序。(《民法典》第244条)

8. 侵占；哄抢；私分；截留；破坏。(《民法典》第258条)

9. 收入；房屋；生活用品；生产工具；原材料。(《民法典》第266条)

10. 侵占；哄抢；破坏。(《民法典》第267条)

11. 应当；一致同意。(《民法典》第279条)

12. 建设单位、物业服务企业或者其他管理人等利用业主的共有部分产生的收入，在扣除合理成本之后，属于____。
13. 建造建筑物，不得违反国家有关工程建设标准，不得妨碍相邻建筑物的____、____和____。
14. 不动产权利人不得违反国家规定____，排放大气污染物、水污染物、土壤污染物、____、光辐射、电磁辐射等有害物质。
15. 偿还债务超过自己应当承担份额的____，有权向其他共有人____。
16. 拾得漂流物、发现埋藏物或者隐藏物的，参照适用____的有关规定。
17. 有下列情形之一的，担保物权消灭：（1）____消灭；（2）担保物权____；（3）债权人____担保物权；（4）法律规定担保物权消灭的其他情形。
18. 以动产抵押的，抵押权自____时设立；未经登记，不得____。
19. 抵押财产自下列情形之一发生时确定：（1）债务履行期限届满，债权未实现；（2）抵押人____或者解散；（3）当事人约定的实现抵押权的情形；（4）严重影响____的其他情形。
20. 质权人在质权存续期间，未经出质人同意，擅自____、____质押财产，造成出质人损害的，应当承担____。

五、简答题

简述担保物权的概念和特征。

12. 业主共有。(《民法典》第 282 条)

13. 通风;采光;日照。(《民法典》第 293 条)

14. 弃置固体废物;噪声。(《民法典》第 294 条)

15. 按份共有人;追偿。(《民法典》第 307 条)

16. 拾得遗失物。(《民法典》第 319 条)

17. 主债权;实现;放弃。(《民法典》第 393 条)

18. 抵押合同生效;对抗善意第三人。(《民法典》第 403 条)

19. 被宣告破产;债权实现。(《民法典》第 411 条)

20. 孳息;费用。(《民法典》第 452 条)

❋ 五、简答题

答:担保物权是指以担保债务清偿为目的,而在债务人或者第三人的特定物或者权利上设立的定限物权。担保物权的特征包括:(1)优先受偿性。担保物权人可以就担保物的价值优先于债务人的普通债权人受偿。(2)从属性。担保物权是为担保债权受偿而设定的,从属于所担保的债权。(3)不可分性。债权人在全部债权受清偿前,可就担保物的全部行使其权利。(4)物上代位性。担保期间,担保财产毁损、灭失或者被征收等,担保物权人可以就获得的保险金、赔偿金或者补偿金等优先受偿。

专题八

美丽的契约——合同

第一讲 必须知道的合同规则

✽ 一、判断题

1. 依法成立的合同,仅对当事人具有法律约束力,但是法律另有规定的除外。（   ）

2. 以合同书形式签订合同,需要当事人签字、盖章或者按指印。（   ）

3. 格式条款和非格式条款不一致的,应当采用格式条款。（   ）

4. 当事人在订立合同过程中知悉的商业秘密或者其他应当保密的信息,无论合同是否成立,不得泄露或者不正当地使用。（   ）

5. 依法成立的合同,自成立时生效。（   ）

6. 当事人超越经营范围订立的合同的效力,可以超越经营范围确认合同无效。（   ）

7. 造成人身损害的免责条款无效。（   ）

8. 当事人应当遵循经济合理原则,根据合同的性质、目的和交易习惯履行通知、协助、保密等义务。（   ）

9. 当事人互负债务,有先后履行顺序,应当先履行债务一方履行债务不符合约定的,后履行一方有权拒绝其履行请求。（   ）

10. 债务人提前履行债务给债权人增加的费用,由债权人负担。（   ）

参考答案

❋ 一、判断题

1. √，解析：《民法典》第465条第2款。
2. √，解析：《民法典》第490条。
3. ×，解析：《民法典》第498条规定，格式条款和非格式条款不一致的，应当采用非格式条款。
4. √，解析：《民法典》第501条。
5. √，解析：《民法典》第502条。
6. ×，解析：《民法典》第505条规定，当事人超越经营范围订立的合同的效力，应当依照本法第一编第六章第三节和本编的有关规定确定，不得仅以超越经营范围确认合同无效。
7. √，解析：《民法典》第506条。
8. ×，解析：《民法典》第509条规定，当事人应当遵循诚信原则，根据合同的性质、目的和交易习惯履行通知、协助、保密等义务。
9. ×，解析：《民法典》第526条。
10. ×，解析：《民法典》第530条规定，债务人提前履行债务给债权人增加的费用，由债务人负担。

11. 债务人以明显不合理的低价转让财产、以明显不合理的高价受让他人财产或者为他人的债务提供担保，影响债权人的债权实现，债务人的相对人知道或者应当知道该情形的，债权人可以请求人民法院撤销债务人的行为。（   ）

12. 当事人协商一致，可以变更合同。（   ）

13. 当事人一方经对方同意，可以将自己在合同中的权利和义务一并转让给第三人。（   ）

14. 合同解除的，该合同的权利义务关系中止。（   ）

15. 债权债务终止后，当事人应当遵循诚信等原则，根据交易习惯履行通知、协助、保密、旧物回收等义务。（   ）

二、单选题

1. 没有明文规定的合同，适用什么规定？（   ）
   A. 合同编通则　　　　　　B. 合同编
   C. 物权法编　　　　　　　D. 侵权责任编

2. 订立合同可以用以下哪种形式？（   ）
   A. 信件　　　　　　　　　B. 电子邮件
   C. 口头　　　　　　　　　D. 以上都对

3. 以下哪一项不是合同的一般条款？（   ）
   A. 当事人的姓名　　　　　B. 履约期限
   C. 合同标的　　　　　　　D. 当事人的联系方式

4. 小明去某名牌包店买包，试了5款之后对店员甲说要买，店员甲因为在接待别的顾客没有听到，等了一会儿店员乙转告给店员甲，小明买包的要约生效时间是：（   ）
   A. 小明进店的时候　　　　B. 小明试包的时候
   C. 小明说要买的时候　　　D. 店员乙转告给店员甲的时候

11. √，解析：《民法典》第539条。

12. √，解析：《民法典》第543条。

13. √，解析：《民法典》第555条。

14. ×，解析：《民法典》第557条。

15. √，解析：《民法典》第558条。

二、单选题

1. A，解析：《民法典》第467条规定，本法或者其他法律没有明文规定的合同，适用本编通则规定，并可以参照适用本编典型合同或者其他法律最相类似合同的规定。

2. D，解析：《民法典》第469条规定，当事人订立合同，可以采用书面形式、口头形式或者其他形式。书面形式是合同书、信件、电报、电传、传真等可以有形地表现所载内容的形式。以电子数据交换、电子邮件等方式能够有形地表现所载内容，并可以随时调取查用的数据电文，视为书面形式。

3. D，解析：《民法典》第470条规定，合同的内容由当事人约定，一般包括下列条款：（1）当事人的姓名或者名称和住所；（2）标的；（3）数量；（4）质量；（5）价款或者报酬；（6）履行期限、地点和方式；（7）违约责任；（8）解决争议的方法。因此，D选项错误。

4. D，解析：《民法典》第474条规定，要约生效的时间适用本法第137条的规定。《民法典》第137条规定，以对话方式作出的意思表示，相对人知道其内容时生效。

5. 当事人采用信件、数据电文等形式订立合同要求签订确认书的，(　　)时合同成立。
   A. 签订确认书　　　　　　B. 送达确认书
   C. 发出确认书　　　　　　D. 签订合同书

6. 在下列情形中，格式条款并非当然无效的是：(　　)
   A. 提供格式条款方免除其责任
   B. 提供格式条款方加重对方责任
   C. 提供格式条款方排除对方主要权利
   D. 对格式条款的理解发生争议

7. 法人的法定代表人超越权限订立的合同的效力为：(　　)
   A. 绝对有效
   B. 绝对无效
   C. 除相对人知道或应当知道其超越权限外，订立的合同对法人发生效力
   D. 法人不追认的，对法人无效

8. 以下不属于合同中免责条款无效的有：(　　)
   A. 造成对方人身伤害的
   B. 因故意造成对方财产损失的
   C. 因过失造成对方财产损失的
   D. 因重大过失造成对方财产损失的

9. 当事人在合同履行过程中，由于合同内容约定不明确，又无法按照合同相关条款或者交易习惯确定，以下说法不正确的是：(　　)
   A. 交付不动产的，在接受不动产一方所在地履行
   B. 履行地点不明确，给付货币的，在接受货币一方所在地履行
   C. 履行方式不明确的，按照有利于实现合同目的的方式履行
   D. 履行费用的负担不明确的，由履行义务方负担

5. A，解析：《民法典》第491条规定，当事人采用信件、数据电文等形式订立合同要求签订确认书的，签订确认书时合同成立。

6. D，解析：《民法典》第497条规定，有下列情形之一的，该格式条款无效：（1）具有第一编第六章第三节和本法第506条规定的无效情形；（2）提供格式条款一方不合理地免除或者减轻其责任、加重对方责任、限制对方主要权利；（3）提供格式条款一方排除对方主要权利。

7. C，解析：《民法典》第504条规定，法人的法定代表人或者非法人组织的负责人超越权限订立的合同，除相对人知道或者应当知道其超越权限外，该代表行为有效，订立的合同对法人或者非法人组织发生效力。

8. C，解析：《民法典》第506条规定，合同中的下列免责条款无效：（1）造成对方人身损害的；（2）因故意或者重大过失造成对方财产损失的。

9. A，解析：《民法典》第511条规定，当事人就有关合同内容约定不明确，依据前条规定仍不能确定的，适用下列规定：（1）质量要求不明确的，按照强制性国家标准履行；没有强制性国家标准的，按照推荐性国家标准履行；没有推荐性国家标准的，按照行业标准履行；没有国家标准、行业标准的，按照通常标准或者符合合同目的的特定标准履行。（2）价款或者报酬不明确的，按照订立合同时履行地的市场价格履行；依法应当执行政府定价或者政府指导价的，依照规定履行。（3）履行地点不明确，给付货币的，在接受货币一方所在地履行；交付不动产的，在不动产所在地履行；其他标的，在履行义务一方所在地履行。（4）履行期限不明确的，债务人可以随时履行，债权人也可以随时请求履行，但是应当给对方必要的准备时间。（5）履行方式不明确的，按照有利于实现合同目的的方式履行。（6）履行费用的负担不明确的，由履行义务一方负担；因债权人原因增加的履行费用，由债权人负担。

10. 关于通过互联网等信息网络订立电子合同的说法，不正确的是：（   ）

   A. 合同的标的为交付商品并采用快递物流方式交付的，收货人的签收时间为交付时间

   B. 电子合同的标的为提供服务的，生成的电子凭证或者实物凭证中载明的时间为提供服务时间

   C. 电子合同的标的物为采用在线传输方式交付的，合同标的物发出时为交付时间

   D. 电子合同当事人对交付商品或者提供服务的方式、时间另有约定的，按照其约定

11. 合同成立后，合同的基础条件发生了何种情形，继续履行合同对于当事人一方明显不公平的，受不利影响的当事人可以与对方重新协商？（   ）

   A. 当事人在订立合同时无法预见的商业风险的重大变化

   B. 当事人在合同生效后无法克服的、不属于商业风险的重大变化

   C. 当事人在订立合同时无法预见的、不属于商业风险的重大变化

   D. 当事人在合同生效后无法克服的商业风险的重大变化

12. 撤销权自债权人知道或者应当知道撤销事由之日起(   )年内行使。

   A. 1　　　　　　　　　　B. 2
   C. 3　　　　　　　　　　D. 4

13. 债权人转让债权的，(   )。

   A. 应当通知第三人　　　　B. 应当通知债务人
   C. 可以通知第三人　　　　D. 可以通知债务人

10. C，解析：《民法典》第512条规定，通过互联网等信息网络订立的电子合同的标的为交付商品并采用快递物流方式交付的，收货人的签收时间为交付时间。电子合同的标的为提供服务的，生成的电子凭证或者实物凭证中载明的时间为提供服务时间；前述凭证没有载明时间或者载明时间与实际提供服务时间不一致的，以实际提供服务的时间为准。电子合同的标的物为采用在线传输方式交付的，合同标的物进入对方当事人指定的特定系统且能够检索识别的时间为交付时间。电子合同当事人对交付商品或者提供服务的方式、时间另有约定的，按照其约定。

11. C，解析：《民法典》第533条规定，合同成立后，合同的基础条件发生了当事人在订立合同时无法预见的、不属于商业风险的重大变化，继续履行合同对于当事人一方明显不公平的，受不利影响的当事人可以与对方重新协商。

12. A，解析：《民法典》第541条规定，撤销权自债权人知道或者应当知道撤销事由之日起1年内行使。

13. B，解析：《民法典》第546条第1款规定，债权人转让债权未通知债务人的，该转让对债务人不发生效力。

14. 关于债权转让, 以下表述正确的是: ( )

    A. 债权转让的通知不得撤销, 但是经债务人同意的除外

    B. 债务人接到债权转让通知后, 债务人对让与人的抗辩, 可以向受让人主张

    C. 债务人的债权与转让的债权属于同类合同的, 债务人可以向受让人主张抵销

    D. 因债权转让增加的履行费用, 由受让人负担

15. 下列哪一项不属于当事人可以解除合同的法定情形? ( )

    A. 因不可抗力致使不能实现合同目的

    B. 因一方当事人经营困难致使不能实现合同目的

    C. 在履行期限届满前, 当事人一方明确表示或者以自己的行为表明不履行主要债务

    D. 当事人一方迟延履行主要债务, 经催告后在合理期限内仍未履行

16. 当事人一方依法主张解除合同的, 下列表述错误的是哪一项? ( )

    A. 应当通知对方, 合同自通知到达对方时解除

    B. 应当通知对方, 合同自通知发出时解除

    C. 对方有异议的, 可以请求人民法院确认解除合同的效力

    D. 对方有异议的, 可以请求仲裁机构确认解除合同的效力

三、多选题

1. 当事人对合同条款的理解有争议的, 应当依据什么来确定争议条款的含义? ( )

    A. 习惯　　　　　　　　　B. 诚信原则

    C. 行为的性质和目的　　　　D. 对方的身份

14. B，解析：《民法典》第 546 条第 2 款规定，债权转让的通知不得撤销，但是经受让人同意的除外。《民法典》第 548 条规定，债务人接到债权转让通知后，债务人对让与人的抗辩，可以向受让人主张。《民法典》549 条第 2 项规定，债务人的债权与转让的债权是基于同一合同产生的，债务人可以向受让人主张抵销。《民法典》第 550 条规定，因债权转让增加的履行费用，由让与人负担。

15. B，解析：《民法典》第 563 条规定，有下列情形之一的，当事人可以解除合同：（1）因不可抗力致使不能实现合同目的；（2）在履行期限届满前，当事人一方明确表示或者以自己的行为表明不履行主要债务；（3）当事人一方迟延履行主要债务，经催告后在合理期限内仍未履行；（4）当事人一方迟延履行债务或者有其他违约行为致使不能实现合同目的；（5）法律规定的其他情形。

16. B，解析：《民法典》第 565 条规定，当事人一方依法主张解除合同的，应当通知对方。合同自通知到达对方时解除；通知载明债务人在一定期限内不履行债务则合同自动解除，债务人在该期限内未履行债务的，合同自通知载明的期限届满时解除。对方对解除合同有异议的，任何一方当事人均可以请求人民法院或者仲裁机构确认解除行为的效力。

❋ 三、多选题

1. ABC，解析：《民法典》第 466 条规定，当事人对合同条款的理解有争议的，应当依据本法第 142 条第 1 款规定，确定争议条款的含义。《民法典》第 142 条第 1 款规定，有相对人的意思表示的解释，应当按照所使用的词句，结合相关条款、行为的性质和目的、习惯以及诚信原则，确定意思表示的含义。

2. 以下合同成立的有：（   ）

   A. 甲乙双方采用信件形式订立合同，并要求签订确认书，合同自签订确认书时成立

   B. 甲乙双方采用数据电文形式订立合同，并要求签订确认书，合同自签订确认书时成立

   C. 甲在互联网发布的商品信息且符合要约条件，乙选择甲发布的商品并提交订单，在订单提交成功时合同成立

   D. 甲在互联网发布的服务信息且符合要约条件，乙选择甲发布的服务并提交订单，在订单提交成功时合同成立

3. 关于合同成立的地点，以下错误的是：（   ）

   A. 要约生效的地点　　　　B. 承诺发出的地点

   C. 要约邀请生效的地点　　D. 承诺生效的地点

4. 关于国家根据需要下达指令性任务或者国家订货任务情况下订立合同，以下说法正确的是：（   ）

   A. 有关民事主体之间应当依照有关法律、行政法规规定的权利和义务订立合同

   B. 依照法律、行政法规的规定负有发出要约义务的当事人，应当及时发出合理的要约

   C. 依照法律、行政法规的规定负有作出承诺义务的当事人，不得拒绝对方合理的订立合同要求

   D. 依照法律、行政法规的规定负有作出承诺义务的当事人，不得拒绝对方的订立合同要求

5. 当事人约定在将来一定期限内订立合同的（   ）等，构成预约合同。

   A. 认购书　　　　　　　B. 订购书

   C. 预订书　　　　　　　D. 意向书

2. ABCD，解析：《民法典》第491条规定，当事人采用信件、数据电文等形式订立合同要求签订确认书的，签订确认书时合同成立。当事人一方通过互联网等信息网络发布的商品或者服务信息符合要约条件的，对方选择该商品或者服务并提交订单成功时合同成立，但是当事人另有约定的除外。

3. ABC，解析：《民法典》第492规定，承诺生效的地点为合同成立的地点。

4. ABC，解析：《民法典》第494条规定，国家根据抢险救灾、疫情防控或者其他需要下达国家订货任务、指令性任务的，有关民事主体之间应当依照有关法律、行政法规规定的权利和义务订立合同。依照法律、行政法规的规定负有发出要约义务的当事人，应当及时发出合理的要约。依照法律、行政法规的规定负有作出承诺义务的当事人，不得拒绝对方合理的订立合同要求。

5. ABCD，解析：《民法典》第495条规定，当事人约定在将来一定期限内订立合同的认购书、订购书、预订书、意向书等，构成预约合同。

6. 当事人在订立合同过程中有下列哪些情形，造成对方损失的，应当承担赔偿责任：（　　）

   A. 假借订立合同，恶意进行磋商
   B. 故意隐瞒与订立合同有关的重要事实或者提供虚假情况
   C. 过失隐瞒与订立合同有关的重要事实或者提供虚假情况
   D. 隐瞒非重要事实

7. 无权代理人以被代理人的名义订立合同，被代理人（　　）的，视为对合同的追认。

   A. 已经开始履行合同义务　　B. 接受相对人履行
   C. 拒绝履行合同　　　　　　D. 拒绝相对人履行

8. 以下哪些情况，不影响合同中有关解决争议方法的条款的效力？（　　）

   A. 合同不生效　　　　　　　B. 合同无效
   C. 合同被撤销　　　　　　　D. 合同终止

9. 合同生效后，当事人就质量、价款或者报酬、履行地点等内容没有约定或者约定不明确的，可以以协议补充；不能达成补充协议的，按照（　　）确定。

   A. 合同有关条款　　　　　　B. 合同性质
   C. 合同目的　　　　　　　　D. 交易习惯

10. 关于同时履行抗辩权，以下表述正确的是：（　　）

    A. 当事人互负债务，没有先后履行顺序的，应当同时履行
    B. 一方在对方履行之前有权拒绝其履行请求
    C. 一方在对方履行债务不符合约定时，有权拒绝其相应的履行请求
    D. 先履行一方履行债务不符合约定的，后履行一方有权拒绝其相应的履行请求

6. AB，解析：《民法典》第500条规定，当事人在订立合同过程中有下列情形之一，造成对方损失的，应当承担赔偿责任：（1）假借订立合同，恶意进行磋商；（2）故意隐瞒与订立合同有关的重要事实或者提供虚假情况；（3）有其他违背诚信原则的行为。

7. AB，解析：《民法典》第503条规定，无权代理人以被代理人的名义订立合同，被代理人已经开始履行合同义务或者接受相对人履行的，视为对合同的追认。

8. ABCD，解析：《民法典》第507条规定，合同不生效、无效、被撤销或者终止的，不影响合同中有关解决争议方法的条款的效力。

9. AD，解析：《民法典》第510条规定，合同生效后，当事人就质量、价款或者报酬、履行地点等内容没有约定或者约定不明确的，可以协议补充；不能达成补充协议的，按照合同相关条款或者交易习惯确定。

10. ABC，解析：《民法典》第525条规定，当事人互负债务，没有先后履行顺序的，应当同时履行。一方在对方履行之前有权拒绝其履行请求。一方在对方履行债务不符合约定时，有权拒绝其相应的履行请求。

11. 应当先履行债务的当事人，有确切证据证明下列哪些情形，可以中止履行：（　　）

    A. 经营状况严重恶化　　　　B. 转移财产

    C. 抽逃资金　　　　　　　　D. 丧失商誉

12. 债权人分立、合并或者变更住所没有通知债务人，致使履行债务发生困难的，债务人可以（　　）。

    A. 中止履行　　　　　　　　B. 终止履行

    C. 将标的物留置　　　　　　D. 将标的物提存

13. 债务人以（　　）等方式无偿处分财产权益，或者恶意延长其到期债权的履行期限，影响债权人的债权实现的，债权人可以请求人民法院撤销债务人的行为。

    A. 放弃其债权　　　　　　　B. 放弃债权担保

    C. 无偿转让财产　　　　　　D. 有偿转让财产

14. 关于合同变更，以下表述正确的是：（　　）

    A. 当事人协商一致，可以变更合同

    B. 债权人向债务人发出变更合同通知的，可以变更合同

    C. 债务人向债权人发出变更合同通知的，可以变更合同

    D. 当事人对合同变更的内容约定不明确的，推定为未变更

15. 有下列哪些情形时，债权债务终止：（　　）

    A. 债务已经履行　　　　　　B. 债务相互抵销

    C. 债务人依法将标的物提存　D. 债权人免除债务

16. 关于合同的权利义务关系终止对合同条款效力，表述正确的是：（　　）

    A. 不影响合同中结算条款的效力

    B. 不影响合同中清理条款的效力

    C. 合同中结算条款相应终止

    D. 合同中清理条款相应终止

11. ABCD，解析：《民法典》第527条规定，应当先履行债务的当事人，有确切证据证明对方有下列情形之一的，可以中止履行：（1）经营状况严重恶化；（2）转移财产，抽逃资金，以逃避债务；（3）丧失商业信誉；（4）有丧失或者可能丧失履行债务能力的其他情形。

12. AD，解析：《民法典》第529条规定，债权人分立、合并或者变更住所没有通知债务人，致使履行债务发生困难的，债务人可以中止履行或者将标的物提存。

13. ABC，解析：《民法典》第538条规定，债务人以放弃其债权、放弃债权担保、无偿转让财产等方式无偿处分财产权益，或者恶意延长其到期债权的履行期限，影响债权人的债权实现的，债权人可以请求人民法院撤销债务人的行为。

14. AD，解析：《民法典》第543条规定，当事人协商一致，可以变更合同。《民法典》第544条规定，当事人对合同变更的内容约定不明确的，推定为未变更。

15. ABCD，解析：《民法典》第557条规定，有下列情形之一的，债权债务终止：（1）债务已经履行；（2）债务相互抵销；（3）债务人依法将标的物提存；（4）债权人免除债务；（5）债权债务同归于一人；（6）法律规定或者当事人约定终止的其他情形。

16. AB，解析：《民法典》第567条规定，合同的权利义务关系终止，不影响合同中结算和清理条款的效力。

四、填空题

1. 合同是民事主体之间____、____、____民事法律关系的协议。婚姻、收养、监护等有关身份关系的协议，适用____的法律规定；没有规定的，可以根据其性质参照适用《民法典》合同编的规定。
2. ____时合同成立，但是法律另有规定或者当事人另有约定的除外。
3. ____是当事人为了重复使用而预先拟定，并在订立合同时未与对方协商的条款。
4. 对格式条款的理解发生争议的，应当按照____予以解释。
5. 悬赏人以____对完成特定行为的人支付报酬的，完成该行为的人可以请求其支付。
6. 以支付金钱为内容的债，除法律另有规定或者当事人另有约定外，债权人可以请求债务人以____的法定货币履行。
7. 当事人没有____中止履行的，应当承担违约责任。
8. ____后，当事人不得因姓名、名称的变更或者法定代表人、负责人、承办人的变动而不履行合同义务。
9. 撤销权的行使范围以____为限。债权人行使撤销权的必要费用，由____负担。
10. 债务人影响债权人的债权实现的行为被撤销的，____没有法律约束力。
11. 当事人对合同变更的内容约定不明确的，推定为____。
12. 债权人转让债权的，受让人取得与债权有关的从权利，但是该从权利____于债权人自身的除外。
13. 债权人免除债务人部分或者全部债务的，债权债务部分或者全部____，但是债务人在合理期限内____的除外。

四、填空题

1. 设立；变更；终止；有关该身份关系。（《民法典》第464条）

2. 承诺生效。（《民法典》第483条）

3. 格式条款。（《民法典》第496条）

4. 通常理解。（《民法典》第498条）

5. 公开方式声明。（《民法典》第499条）

6. 实际履行地。（《民法典》第514条）

7. 确切证据。（《民法典》第527条）

8. 合同生效。（《民法典》第532条）

9. 债权人的债权；债务人。（《民法典》第540条）

10. 自始。（《民法典》第542条）

11. 未变更。（《民法典》第544条）

12. 专属。（《民法典》第547条）

13. 终止；拒绝。（《民法典》第575条）

第二讲　违约的代价

✻ 一、判断题

1. 当事人一方明确表示或者以自己的行为表明不履行合同义务的，对方可以在履行期限届满前请求其承担违约责任。（　　）

2. 出现不能强制继续履行非金钱债务的法定情形，致使不能实现合同目的，人民法院或者仲裁机构可以根据当事人的请求终止合同权利义务关系，并免除违约责任的承担。（　　）

3. 履行不符合约定的，应当按照当事人的约定承担缔约过失责任。（　　）

4. 当事人就迟延履行约定违约金的，违约方支付违约金后，还应当履行债务。（　　）

5. 当事人可以约定一方向对方给付订金作为债权的担保。订金合同自实际交付订金时生效。（　　）

6. 债务人履行债务的，定金应当抵作价款或者收回。（　　）

7. 当事人不得以定金不足以弥补违约造成的损失为由请求对方赔偿超过定金数额的损失。（　　）

8. 当事人迟延履行后发生不可抗力的，不免除其违约责任。（　　）

9. 当事人一方因第三人的原因造成违约的，不需向对方承担违约责任。（　　）

10. 因国际货物买卖合同争议提起诉讼的时效期间为3年。（　　）

参考答案

一、判断题

1. √，解析：《民法典》第 578 条。

2. ×，解析：《民法典》第 580 条第 2 款规定，出现不能强制继续履行非金钱债务的法定情形，致使不能实现合同目的的，人民法院或者仲裁机构可以根据当事人的请求终止合同权利义务关系，但是不影响违约责任的承担。

3. ×，解析：《民法典》第 582 条。

4. √，解析：《民法典》第 585 条。

5. ×，解析：《民法典》第 586 条规定，作为债权担保方式的是"定金"。

6. √，解析：《民法典》第 587 条。

7. ×，解析：《民法典》第 588 条规定，定金不足以弥补一方违约造成的损失的，对方可以请求赔偿超过定金数额的损失。

8. √，解析：《民法典》第 590 条。

9. ×，解析：《民法典》第 593 条。

10. ×，解析：《民法典》第 594 条规定，因国际货物买卖合同和技术进出口合同争议提起诉讼或者申请仲裁的时效期间为 4 年。

二、单选题

1. 以下关于预期违约责任的表述,正确的是:(   )
   A. 当事人一方明确表示不履行合同义务的,对方可以在履行期限届满前要求其承担违约责任
   B. 当事人一方以自己的行为表明不履行合同义务的,对方可以在履行期限届满之时请求其承担违约责任
   C. 当事人一方明确表示不履行合同义务的,对方可以在履行期限届满之时请求其承担违约责任
   D. 当事人一方以自己的行为表明不履行合同义务的,对方可以在履行期限届满之后请求其承担违约责任

2. 当事人一方不履行非金钱债务或者履行非金钱债务不符合约定的,对方可以请求履行,除非:(   )
   A. 法律上或者事实上不能履行
   B. 债务的标的不适于强制履行或者履行费用过高
   C. 债权人在合理期限内未请求履行
   D. 以上都对

3. 当事人一方不履行合同义务或者履行合同义务不符合约定的,在履行义务或者采取补救措施后,对方还有其他损失的,(   )。
   A. 可以适当补偿   B. 可以赔偿损失
   C. 应当适当补偿   D. 应当赔偿损失

4. 收受定金的一方不履行债务,或者履行债务不符合约定致使不能实现合同目的的,应当(   )返还定金。
   A. 单倍   B. 双倍
   C. 3倍   D. 4倍

二、单选题

1. A，解析：《民法典》第578条规定，当事人一方明确表示或者以自己的行为表明不履行合同义务的，对方可以在履行期限届满前请求其承担违约责任。

2. D，解析：《民法典》第580条规定，当事人一方不履行非金钱债务或者履行非金钱债务不符合约定的，对方可以请求履行，但是有下列情形之一的除外：（1）法律上或者事实上不能履行；（2）债务的标的不适于强制履行或者履行费用过高；（3）债权人在合理期限内未请求履行。

3. D，解析：《民法典》第583条规定，当事人一方不履行合同义务或者履行合同义务不符合约定的，在履行义务或者采取补救措施后，对方还有其他损失的，应当赔偿损失。

4. B，解析：《民法典》第587条规定，收受定金的一方不履行债务或者履行债务不符合约定，致使不能实现合同目的的，应当双倍返还定金。

5. 关于债权人拒绝受领，以下表述正确的是：（   ）
   A. 债务人按照约定履行债务，债权人拒绝受领的，债务人可以请求债权人赔偿增加的费用
   B. 在债权人受领迟延期间，债务人应当支付利息
   C. 债务人按照约定履行债务，债权人无正当理由拒绝受领的，债务人可以请求债权人赔偿费用
   D. 在债权人受领迟延期间，债务人无须支付利息
6. 在一方违约后，对方因防止损失扩大而支出的合理费用，由（   ）。
   A. 违约方负担　　　　　　B. 双方平均负担
   C. 双方另行约定　　　　　D. 履约方负担
7. 当事人一方因第三人的原因，造成违约的，应由（   ）向对方承担违约责任。
   A. 当事人一方
   B. 第三人
   C. 当事人一方和第三人连带
   D. 先由第三人向当事人一方承担，然后再由当事人一方向对方
8. 因技术进出口合同争议申请仲裁的时效期间为（   ）。
   A. 1年　　　　　B. 2年　　　　　C. 3年　　　　　D. 4年

❋ 三、多选题

1. 当事人一方不履行合同义务的，应当承担（   ）等违约责任。
   A. 赔礼道歉　　　　　　　B. 继续履行
   C. 采取补救措施　　　　　D. 赔偿损失
2. 当事人一方未支付（   ），或者不履行其他金钱债务的，对方可以请求其支付。
   A. 价款　　　　　　　　　B. 报酬
   C. 租金　　　　　　　　　D. 利息

5. D，解析：《民法典》第589条规定，债务人按照约定履行债务，债权人无正当理由拒绝受领的，债务人可以请求债权人赔偿增加的费用。在债权人受领迟延期间，债务人无须支付利息。

6. A，解析：《民法典》第591条规定，当事人因防止损失扩大而支出的合理费用，由违约方负担。

7. A，解析：《民法典》第593条规定，当事人一方因第三人的原因造成违约的，应当依法向对方承担违约责任。当事人一方和第三人之间的纠纷，依照法律规定或者按照约定处理。

8. D，解析：《民法典》第594条规定，因国际货物买卖合同和技术进出口合同争议提起诉讼或者申请仲裁的时效期间为4年。

❋ 三、多选题

1. BCD，解析：《民法典》第577条规定，当事人一方不履行合同义务或者履行合同义务不符合约定的，应当承担继续履行、采取补救措施或者赔偿损失等违约责任。

2. ABCD，解析：《民法典》第579条规定，当事人一方未支付价款、报酬、租金、利息，或者不履行其他金钱债务的，对方可以请求其支付。

3. 关于第三人替代履行的表述，正确的是：（　　）
   A. 当事人一方不履行债务，根据债务的性质不得强制履行的，对方可以请求其负担由第三人替代履行的费用
   B. 当事人一方履行债务不符合约定，根据债务的性质可以强制履行的，对方可以请求其负担由第三人替代履行的费用
   C. 当事人一方不履行债务，根据债务的性质可以强制履行的，对方可以请求其负担由第三人替代履行的费用
   D. 当事人一方履行债务不符合约定，根据债务的性质不得强制履行的，对方可以请求其负担由第三人替代履行的费用

4. 履行不符合约定的，应当按照当事人的约定承担违约责任。对违约责任没有约定或者约定不明确，依据《民法典》合同编有关合同条款补充和确定的规定仍不能确定的，受损害方根据标的的性质以及损失的大小，可以合理选择请求对方承担（　　）、减少价款或者报酬等违约责任。
   A. 修理　　　　B. 重作　　　　C. 更换　　　　D. 退货

5. 当事人一方不履行合同义务或者履行合同义务不符合约定，造成对方损失的，损失赔偿额不得超过：（　　）
   A. 违约一方订立合同时预见到的因违约可能造成的损失
   B. 违约一方订立合同时应当预见到的因违约可能造成的损失
   C. 对方订立合同时预见到的因违约可能造成的损失
   D. 对方订立合同时应当预见到的因违约可能造成的损失

6. 关于违约金，下列说法正确的是：（　　）
   A. 当事人可以约定一方违约时应当根据违约情况向对方支付一定数额的违约金
   B. 当事人可以约定因违约产生的损失赔偿额的计算方法
   C. 约定的违约金低于造成的损失的，人民法院或者仲裁机构可以根据当事人的请求予以增加
   D. 约定的违约金过分高于造成的损失的，人民法院或者仲裁机构可以根据当事人的请求予以适当减少

3. AD，解析：《民法典》第581条规定，当事人一方不履行债务或者履行债务不符合约定，根据债务的性质不得强制履行的，对方可以请求其负担由第三人替代履行的费用。

4. ABCD，解析：《民法典》第582条规定，履行不符合约定的，应当按照当事人的约定承担违约责任。对违约责任没有约定或者约定不明确，依据本法第510条的规定仍不能确定的，受损害方根据标的的性质以及损失的大小，可以合理选择请求对方承担修理、重作、更换、退货、减少价款或者报酬等违约责任。

5. AB，解析：《民法典》第584条规定，当事人一方不履行合同义务或者履行合同义务不符合约定，造成对方损失的，损失赔偿额应当相当于因违约所造成的损失，包括合同履行后可以获得的利益；但是，不得超过违约一方订立合同时预见到或者应当预见到的因违约可能造成的损失。

6. ABCD，解析：《民法典》第585条规定，当事人可以约定一方违约时应当根据违约情况向对方支付一定数额的违约金，也可以约定因违约产生的损失赔偿额的计算方法。约定的违约金低于造成的损失的，人民法院或者仲裁机构可以根据当事人的请求予以增加；约定的违约金过分高于造成的损失的，人民法院或者仲裁机构可以根据当事人的请求予以适当减少。

7. 关于定金,下列说法正确的是:(   )

   A. 当事人可以约定一方向对方给付定金作为债权的担保

   B. 定金合同自实际交付定金时成立

   C. 定金的数额由当事人约定,但是,不得超过主合同标的额的20%

   D. 实际交付的定金数额多于或者少于约定数额的,视为变更约定的定金数额

8. 当事人既约定违约金,又约定定金的,一方违约时,(   )。

   A. 违约方可以选择适用违约金

   B. 守约方可以选择适用定金

   C. 违约方可以选择适用定金

   D. 守约方可以选择适用违约金

9. 关于当事人一方因不可抗力不能履行合同的表述,正确的是:(   )

   A. 可以部分或者全部免除责任

   B. 应当及时通知对方

   C. 应当在合理期限内提供证明

   D. 当事人迟延履行后发生不可抗力的,可以免除违约责任

10. 关于当事人都违反合同的责任,以下表述正确的是:(   )

    A. 当事人都违反合同的,应当各自承担相应的责任

    B. 当事人都违反合同的,应当互相免除对方的责任

    C. 当事人一方违约造成对方损失,对方对损失的发生有过错的,应当减少相应的损失赔偿额

    D. 当事人一方违约造成对方损失,对方对损失的发生有过错的,可以减少相应的损失赔偿额

7. ABCD，解析：《民法典》第586条规定，当事人可以约定一方向对方给付定金作为债权的担保。定金合同自实际交付定金时成立。定金的数额由当事人约定；但是，不得超过主合同标的额的20%，超过部分不产生定金的效力。实际交付的定金数额多于或者少于约定数额的，视为变更约定的定金数额。

8. BD，解析：《民法典》第588条规定，当事人既约定违约金，又约定定金的，一方违约时，对方可以选择适用违约金或者定金条款。

9. ABC，解析：《民法典》第590条规定，当事人一方因不可抗力不能履行合同的，根据不可抗力的影响，部分或者全部免除责任，但是法律另有规定的除外。因不可抗力不能履行合同的，应当及时通知对方，以减轻可能给对方造成的损失，并应当在合理期限内提供证明。当事人迟延履行后发生不可抗力的，不免除其违约责任。

10. AD，解析：《民法典》第592条规定，当事人都违反合同的，应当各自承担相应的责任。当事人一方违约造成对方损失，对方对损失的发生有过错的，可以减少相应的损失赔偿额。

四、填空题

1. 当事人一方不履行合同义务或者履行合同义务不符合约定的，应当承担继续履行、采取补救措施或者赔偿损失等____责任。
2. 当事人一方未支付价款、报酬、租金、利息，或者不履行其他____的，对方可以请求其支付。
3. 当事人一方不履行债务或者履行债务不符合约定，根据债务的性质不得强制履行的，对方可以请求其负担由____替代履行的费用。
4. 当事人一方不履行合同义务或者履行合同义务不符合约定的，在履行义务或者采取补救措施后，对方还有其他损失的，应当____。
5. 当事人一方不履行合同义务或者履行合同义务不符合约定，造成对方损失的，损失赔偿额应当____因违约所造成的损失。
6. 在债权人受领迟延期间，债务人____支付利息。
7. 当事人因防止损失扩大而支出的合理费用，由____负担。
8. 当事人都违反合同的，应当____承担相应的责任。

四、填空题

1. 违约。(《民法典》第 577 条)
2. 金钱债务。(《民法典》第 579 条)
3. 第三人。(《民法典》第 581 条)
4. 赔偿损失。(《民法典》第 583 条)
5. 相当于。(《民法典》第 584 条)
6. 无须。(《民法典》第 589 条)
7. 违约方。(《民法典》第 591 条)
8. 各自。(《民法典》第 592 条)

第三讲　常用的合同类型

✽ 一、判断题

1. 买卖合同的内容一般包括标的物的名称、数量、质量、价款、履行期限、履行地点和方式、包装方式、检验标准和方法、结算方式、合同使用的文字及其效力等条款。（　　）
2. 试用买卖的买受人在试用期内可以购买标的物，也可以拒绝购买。试用期限届满，买受人对是否购买标的物未作表示的，视为购买。（　　）
3. 向社会公众供电的供电人，不得拒绝用电人的订立合同要求。（　　）
4. 赠与合同一经成立，赠与人不得撤销赠与。（　　）
5. 借款合同中，当事人可以约定借款的利息预先在本金中扣除。（　　）
6. 保证合同可以是单独订立的书面合同，也可以是主债权债务合同中的保证条款。（　　）
7. 租赁合同中，租赁期限不得超过25年。超过25年的，超过部分无效。（　　）
8. 融资租赁合同是出租人根据承租人对出卖人、租赁物的选择，向出卖人购买租赁物，提供给承租人使用，承租人支付租金的合同。（　　）
9. 保理合同是应收账款债权人将现有的或者将有的应收账款转让给保理人，保理人提供资金融通、应收账款管理或者催收、应收账款债务人付款担保等服务的合同。（　　）
10. 承揽合同中，承揽人可以将其承揽的辅助工作交由第三人完成。承揽人将其承揽的辅助工作交由第三人完成的，无需就该第三人完成的工作成果向定作人负责。（　　）

参考答案

一、判断题

1. √，解析：《民法典》第596条。

2. √，解析：《民法典》第638条。

3. ×，解析：《民法典》第648条第2款规定，向社会公众供电的供电人，不得拒绝用电人合理的订立合同要求。

4. ×，解析：《民法典》第658条规定，赠与人在赠与财产的权利转移之前可以撤销赠与。经过公证的赠与合同或者依法不得撤销的具有救灾、扶贫、助残等公益、道德义务性质的赠与合同，不适用前款规定。

5. ×，解析：《民法典》第670条规定，借款的利息不得预先在本金中扣除。利息预先在本金中扣除的，应当按照实际借款数额返还借款并计算利息。

6. √，解析：《民法典》第685条。

7. ×，解析：《民法典》第705条规定，租赁期限不得超过20年。超过20年的，超过部分无效。租赁期限届满，当事人可以续订租赁合同；但是，约定的租赁期限自续订之日起不得超过20年。

8. √，解析：《民法典》第735条。

9. √，解析：《民法典》第761条。

10. ×，解析：《民法典》第773条规定，承揽人可以将其承揽的辅助工作交由第三人完成。承揽人将其承揽的辅助工作交由第三人完成的，应当就该第三人完成的工作成果向定作人负责。

11. 建设工程合同中，建设工程的招标投标活动，应当依照有关法律的规定公开、公平、公正进行。（　　）
12. 旅客随身携带超过限量或者违反品类要求的行李乘坐火车、飞机的，应当加收票款或运费并办理补票手续。（　　）
13. 职务技术成果是执行法人或者非法人组织的工作任务，或者利用法人或者非法人组织的物质技术条件所完成的技术成果。（　　）
14. 寄存人寄存货币、有价证券或者其他贵重物品的，应当向保管人声明，由保管人验收或者封存；寄存人未声明的，该物品毁损、灭失后，保管人可以不予赔偿。（　　）
15. 保管人发现入库仓储物有变质或者其他损坏的，应当及时通知存货人或者仓单持有人。（　　）
16. 委托人可以特别委托受托人处理一项或者数项事务，但不可以概括委托受托人处理一切事务。（　　）
17. 行纪人处理委托事务支出的费用，由委托人负担，但是当事人另有约定的除外。（　　）
18. 中介人促成合同成立的，中介活动的费用，由委托人负担。（　　）
19. 合伙事务由全体合伙人共同执行。合伙人就合伙事务作出决定的，除合伙合同另有约定外，应当经一半以上合伙人同意。（　　）

❋ 二、单选题

1. 买卖合同中，出卖人多交标的物的，买受人处理方式的下列表述中，错误的是：（　　）
   A. 买受人可以接收也可以拒绝接收多交的部分
   B. 买受人拒绝接收多交部分的，应及时通知出卖人
   C. 买受人接收多交部分的，按照约定的价格支付价款
   D. 买受人接收多交部分的，按照接收货物时的市场价支付价款

11. √，解析：《民法典》第790条。

12. ×，解析：《民法典》第817条规定，旅客携带行李应当符合约定的限量和品类要求；超过限量或者违反品类要求携带行李的，应当办理托运手续。

13. ×，解析：《民法典》第847条第2款规定，职务技术成果是执行法人或者非法人组织的工作任务，或者主要是利用法人或者非法人组织的物质技术条件所完成的技术成果。

14. ×，解析：《民法典》第898条规定，寄存人寄存货币、有价证券或者其他贵重物品的，应当向保管人声明，由保管人验收或者封存；寄存人未声明的，该物品毁损、灭失后，保管人可以按照一般物品予以赔偿。

15. √，解析：《民法典》第912条。

16. ×，解析：《民法典》第920条规定，委托人可以特别委托受托人处理一项或者数项事务，也可以概括委托受托人处理一切事务。

17. ×，解析：《民法典》第952条规定，行纪人处理委托事务支出的费用，由行纪人负担，但是当事人另有约定的除外。

18. ×，解析：《民法典》第963条第2款规定，中介人促成合同成立的，中介活动的费用，由中介人负担。

19. ×，解析：《民法典》第970条第1款规定，合伙事务由全体合伙人共同执行。合伙人就合伙事务作出决定的，除合伙合同另有约定外，应当经全体合伙人一致同意。

❋ 二、单选题

1. D，解析：《民法典》第629条规定，出卖人多交标的物的，买受人可以接收或者拒绝接收多交的部分。买受人接收多交部分的，按照约定的价格支付价款；买受人拒绝接收多交部分的，应当及时通知出卖人。

2. 分期付款的买受人未支付到期价款的数额达到全部价款的(　　)，经催告后在合理期限内仍未支付到期价款的，出卖人可以请求买受人支付全部价款或者解除合同。
   A. 1/6　　　　　　　　　B. 1/5
   C. 1/4　　　　　　　　　D. 1/3

3. 供用电合同中，因自然灾害等原因断电，供电人未及时抢修，造成用电人损失的：(　　)
   A. 应当给予适当补偿　　　B. 可以承担赔偿责任
   C. 应当承担赔偿责任　　　D. 可以给予适当补偿

4. 赠与合同成立后，下列哪一情形赠与人不得撤销赠与？(　　)
   A. 受赠人严重侵害赠与人或者赠与人的近亲属的
   B. 受赠人对赠与人有扶养义务而不履行的
   C. 受赠人不履行赠与合同约定的义务的
   D. 经过公证的赠与合同

5. 借款合同中，当事人对支付利息的期限没有约定或者约定不明确的，下列说法错误的是：(　　)
   A. 由当事人协议补充
   B. 不能达成补充协议的，按照合同有关条款、合同性质、合同目的或者交易习惯确定
   C. 根据以上方法仍无法确定的，借款期间不满1年的，应当在返还借款时一并支付
   D. 根据以上方法仍无法确定的，借款期间1年以上的，应当在返还借款时一并支付

6. 当事人在保证合同中对保证方式没有约定或者约定不明确的，按照(　　)承担保证责任。
   A. 有限保证　　　　　　　B. 连带责任保证
   C. 一般保证　　　　　　　D. 最高额保证

2. B，解析：《民法典》第634条规定，分期付款的买受人未支付到期价款的数额达到全部价款的1/5，经催告后在合理期限内仍未支付到期价款的，出卖人可以请求买受人支付全部价款或者解除合同。

3. C，解析：《民法典》第653条规定，因自然灾害等原因断电，供电人应当按照国家有关规定及时抢修；未及时抢修，造成用电人损失的，应当承担赔偿责任。

4. D，解析：《民法典》第658条规定，赠与人在赠与财产的权利转移之前可以撤销赠与。经过公证的赠与合同或者依法不得撤销的具有救灾、扶贫、助残等公益、道德义务性质的赠与合同，不适用前款规定。

5. D，解析：《民法典》第674条规定，借款人应当按照约定的期限支付利息。对支付利息的期限没有约定或者约定不明确，依据本法第510条的规定仍不能确定，借款期间不满1年的，应当在返还借款时一并支付；借款期间1年以上的，应当在每届满1年时支付，剩余期间不满1年的，应当在返还借款时一并支付。《民法典》第510条规定，合同生效后，当事人就质量、价款或者报酬、履行地点等内容没有约定或者约定不明确的，可以协议补充；不能达成补充协议的，按照合同有关条款、合同性质、合同目的或者交易习惯确定。

6. C，解析：《民法典》第686条规定，保证的方式包括一般保证和连带责任保证。当事人在保证合同中对保证方式没有约定或者约定不明确的，按照一般保证承担保证责任。

7. 下列哪一项不是出租人的义务？（   ）

   A. 按照约定将租赁物交付承租人

   B. 在租赁期限内保持租赁物符合约定的用途

   C. 履行租赁物的维修义务

   D. 妥善保管租赁物

8. 关于融资租赁合同，下列说法错误的是：（   ）

   A. 租赁合同的内容一般包括租赁物的规格、技术性能、检验方法

   B. 租赁合同的内容一般包括租赁期限届满租赁物的归属

   C. 租赁合同应当采取书面形式

   D. 当事人以虚构租赁物方式订立的融资租赁合同效力待定

9. 关于保理合同，下列说法错误的是：（   ）

   A. 应收账款债权人与债务人不得虚构应收账款作为转让标的与保理人订立保理合同

   B. 保理人不知道虚构应收账款的，应收账款债务人不得以应收账款不存在为由对抗保理人

   C. 保理人明知虚构应收账款的，应收账款债务人可以以应收账款不存在为由对抗保理人

   D. 保理人不知道虚构应收账款的，应收账款债务人可以以应收账款不存在为由对抗保理人

10. 关于承揽合同，下列说法错误的是：（   ）

    A. 承揽包括加工、定作、修理、复制、测试、检验等工作

    B. 承揽合同的内容一般包括承揽的标的、数量、质量条款

    C. 承揽合同应当采取书面形式

    D. 定作人在承揽人完成工作前可以随时解除合同，造成承揽人损失的，应当赔偿损失

7. D，解析：《民法典》第708条规定，出租人应当按照约定将租赁物交付承租人，并在租赁期限内保持租赁物符合约定的用途。故A、B项是出租人的义务，不当选。《民法典》第712条规定，出租人应当履行租赁物的维修义务，但是当事人另有约定的除外。故C项是出租人的义务，不当选。《民法典》第714条规定，承租人应当妥善保管租赁物，因保管不善造成租赁物毁损、灭失的，应当承担赔偿责任。故D项是承租人的义务，当选。

8. D，解析：《民法典》第736条规定，融资租赁合同的内容一般包括租赁物的名称、数量、规格、技术性能、检验方法，租赁期限，租金构成及其支付期限和方式、币种，租赁期限届满租赁物的归属等条款。融资租赁合同应当采用书面形式。故A、B、C项正确，不当选。《民法典》第737条规定，当事人以虚构租赁物方式订立的融资租赁合同无效。故D项错误。

9. D，解析：《民法典》第763条规定，应收账款债权人与债务人虚构应收账款作为转让标的，与保理人订立保理合同的，应收账款债务人不得以应收账款不存在为由对抗保理人，但是保理人明知虚构的除外。据此，D项错误。

10. C，解析：《民法典》第770条第2款规定，承揽包括加工、定作、修理、复制、测试、检验等工作。第771条规定，承揽合同的内容一般包括承揽的标的、数量、质量、报酬，承揽方式，材料的提供，履行期限，验收标准和方法等条款。据此，A、B项正确。《民法典》第787条规定，定作人在承揽人完成工作前可以随时解除合同，造成承揽人损失的，应当赔偿损失。故D项正确。C项于法无据，错误。

11. 发包人未按照约定的时间和要求提供原材料、设备、场地、资金、技术资料的，承包人不可采取下列哪一项救济措施：（　　）

    A. 可以解除合同　　　　　B. 可以顺延工程日期

    C. 有权请求赔偿停工损失　D. 有权请求赔偿误工损失

12. 下列哪种情形下，旅客不需要补交票款？（　　）

    A. 无票乘坐　　　　　　　B. 超程乘坐

    C. 越级乘坐　　　　　　　D. 承运人提高服务标准

13. 关于职务技术成果和非职务技术成果，下列哪项说法是错误的？（　　）

    A. 非职务技术成果的使用权、转让权属于完成技术成果的个人

    B. 职务技术成果完成人经相关法人或者非法人组织同意，可以在有关技术成果文件上写明自己是技术成果完成者

    C. 法人或者非法人组织订立技术合同转让职务技术成果时，职务技术成果的完成人享有以同等条件优先受让的权利

    D. 非职务技术成果的完成人可以就该非职务技术成果订立技术合同

14. 寄存人未按照约定支付保管费或者其他费用的，保管人对保管物享有（　　），但是当事人另有约定的除外。

    A. 留置权　　　　　　　　B. 抵押权

    C. 提存权　　　　　　　　D. 质权

15. 仓储合同中，关于仓储物的提取和仓储费的支付，下列哪项说法是错误的？（　　）

    A. 存货人或仓单持有人，逾期提取仓储物的，应当加收仓储费

    B. 存货人或仓单持有人，提前提取的，不减收仓储费

    C. 存货人或仓单持有人，提前提取的，应当减收仓储费

    D. 存货人或者仓单持有人在被催告的合理期限内仍不提取的，保管人可以提存仓储物

11. A，解析：《民法典》第803条规定，发包人未按照约定的时间和要求提供原材料、设备、场地、资金、技术资料的，承包人可以顺延工程日期，并有权请求赔偿停工、窝工等损失。据此，A项正确。

12. D，解析：《民法典》第815条第1款规定，旅客应当按照有效客票记载的时间、班次和座位号乘坐。旅客无票乘坐、超程乘坐、越级乘坐或者持失效客票乘坐的，应当补交票款，承运人可以按照规定加收票款；旅客不支付票款的，承运人可以拒绝运输。《民法典》第821条规定，承运人擅自降低服务标准的，应当根据旅客的请求退票或者减收票款；提高服务标准的，不得加收票款。

13. B，解析：《民法典》第848条规定，非职务技术成果的使用权、转让权属于完成技术成果的个人，完成技术成果的个人可以就该项非职务技术成果订立技术合同。AD项正确。《民法典》第849条，完成技术成果的个人享有在有关技术成果文件上写明自己是技术成果完成者的权利和取得荣誉证书、奖励的权利。B项错误。《民法典》第847条第1款规定，法人或者非法人组织订立技术合同转让职务技术成果时，职务技术成果的完成人享有以同等条件优先受让的权利。C项正确。

14. A，解析：《民法典》第903条规定，寄存人未按照约定支付保管费或者其他费用的，保管人对保管物享有留置权，但是当事人另有约定的除外。

15. C，解析：《民法典》第915条规定，储存期限届满，存货人或者仓单持有人应当凭仓单、入库单等提取仓储物。存货人或者仓单持有人逾期提取的，应当加收仓储费；提前提取的，不减收仓储费。AB项正确，C项错误。《民法典》第916条规定，储存期限届满，存货人或者仓单持有人不提取仓储物的，保管人可以催告其在合理期限内提取；逾期不提取的，保管人可以提存仓储物。D项正确。

16. 委托合同中，关于委托范围，下列哪项的说法是错误的？（　　）

   A. 委托人可以特别委托受托人处理一项事务

   B. 委托人可以特别委托受托人处理数项事务

   C. 委托人可以概括委托受托人处理一切事务

   D. 委托人不可以概括委托受托人处理一切事务

17. 关于行纪合同，下列哪项说法是错误的？（　　）

   A. 行纪合同是行纪人以自己的名义为委托人从事贸易活动

   B. 委托人需向行纪人支付报酬

   C. 行纪人处理委托事务支出的费用，原则上由行纪人负担

   D. 行纪人处理委托事务支出的费用，原则上由委托人负担

18. 中介人未促成合同成立的，不得请求支付报酬；但是，可以按照约定请求委托人支付从事中介活动支出的（　　）。

   A. 预期费用 　　　　　　B. 实际费用

   C. 必要费用 　　　　　　D. 垫付费用

19. 合伙的利润分配和亏损分担，按照合伙合同的约定办理；合伙合同没有约定或者约定不明确的，由合伙人（　　）。

   A. 协商决定

   B. 按照实缴出资比例分配、分担

   C. 平均分配、分担

   D. 按照登记出资比例分配、分担

三、多选题

1. 出卖人应当履行（　　）的义务。

   A. 转移标的物的使用权

   B. 向买受人交付标的物

   C. 向买受人交付提取标的物的单证

   D. 转移标的物所有权

16. D，解析：《民法典》第920条规定，委托人可以特别委托受托人处理一项或者数项事务，也可以概括委托受托人处理一切事务。

17. D，解析：《民法典》第951条规定，行纪合同是行纪人以自己的名义为委托人从事贸易活动，委托人支付报酬的合同。第952条规定，行纪人处理委托事务支出的费用，由行纪人负担，但是当事人另有约定的除外。

18. C，解析：《民法典》第964条规定，中介人未促成合同成立的，不得请求支付报酬；但是，可以按照约定请求委托人支付从事中介活动支出的必要费用。

19. A，解析：《民法典》第972条规定，合伙的利润分配和亏损分担，按照合伙合同的约定办理；合伙合同没有约定或者约定不明确的，由合伙人协商决定；协商不成的，由合伙人按照实缴出资比例分配、分担；无法确定出资比例的，由合伙人平均分配、分担。

※ 三、多选题

1. BCD，解析：《民法典》第598条规定，出卖人应当履行向买受人交付标的物或者交付提取标的物的单证，并转移标的物所有权的义务。

2. 关于买卖合同标的物的交付地点，表述正确的是：（ ）

   A. 由当事人约定交付地点
   B. 当事人没有约定或者约定不明的，适用民法典关于合同条款补充的规定加以确定
   C. 当事人没有约定或者约定不明的，适用民法典关于合同条款补充的规定仍不能确定，对于标的物需要运输的，出卖人应当将标的物交付给第一承运人以运交给买受人
   D. 当事人没有约定或者约定不明的，适用民法典关于合同条款补充的规定仍不能确定，对于标的物不需要运输，出卖人和买受人订立合同时不知道标的物在某一地点的，应当在买受人订立合同时的营业地交付标的物

3. 供用电合同履行过程中，用电人逾期不支付电费的，经供电人催告，用电人在合理期限内仍不交付（ ），供电人可以按照国家规定的程序中止供电。

   A. 违约金 B. 赔偿金
   C. 滞纳金 D. 电费

4. 下列关于赠与合同的约定，说法正确的是：（ ）

   A. 赠与不得附义务
   B. 赠与人在赠与财产的权利转移之前可以撤销赠与
   C. 附义务的赠与，赠与的财产有瑕疵的，赠与人需承担责任
   D. 撤销权人撤销赠与的，不得向受赠人请求返还赠与的财产

5. 订立借款合同，借款人应当按照贷款人的要求提供与借款有关的：（ ）

   A. 业务活动的真实情况 B. 人力资源管理的真实情况
   C. 财务状况的真实情况 D. 知识产权权属的真实情况

2. ABCD，解析：《民法典》第603条规定，出卖人应当按照约定的地点交付标的物。当事人没有约定交付地点或者约定不明确，依据本法第510条的规定仍不能确定的，适用下列规定：（1）标的物需要运输的，出卖人应当将标的物交付给第一承运人以运交给买受人；（2）标的物不需要运输，出卖人和买受人订立合同时知道标的物在某一地点的，出卖人应当在该地点交付标的物；不知道标的物在某一地点的，应当在出卖人订立合同时的营业地交付标的物。

3. AD，解析：《民法典》第654条第1款规定，用电人应当按照国家有关规定和当事人的约定及时支付电费。用电人逾期不支付电费的，应当按照约定支付违约金。经催告用电人在合理期限内仍不支付电费和违约金的，供电人可以按照国家规定的程序中止供电。

4. BC，解析：《民法典》第661条规定，赠与可以附义务。赠与附义务的，受赠人应当按照约定履行义务。故A项错误。《民法典》第658条第1款规定，赠与人在赠与财产的权利转移之前可以撤销赠与。故B项正确。《民法典》第662条第1款规定，赠与的财产有瑕疵的，赠与人不承担责任。附义务的赠与，赠与的财产有瑕疵的，赠与人在附义务的限度内承担与出卖人相同的责任。故C项正确。《民法典》第665条规定，撤销权人撤销赠与的，可以向受赠人请求返还赠与的财产。故D项错误。

5. AC，解析：《民法典》第669条规定，订立借款合同，借款人应当按照贷款人的要求提供与借款有关的业务活动和财务状况的真实情况。

6. 关于保证合同中保证人的权利，下列说法正确的是：（   ）

   A. 保证人可以主张债务人对债权人的抗辩

   B. 保证人承担保证责任后，有权在其承担保证责任的范围内向债务人追偿

   C. 保证人可以要求债务人提供反担保

   D. 保证人无权行使债务人对债权人享有的抵销权或者撤销权

7. 关于租赁合同，下列说法正确的是：（   ）

   A. 当事人未依照法律、行政法规规定办理租赁合同登记备案手续的，不影响合同的效力

   B. 租赁期间届满，当事人续订租赁合同的租赁期限不受20年的限制

   C. 租赁期限6个月以上的，当事人未采用书面形式，无法确定租赁期限的，视为按年租赁

   D. 租赁物在承租人按照租赁合同占有期限内发生所有权变动的，不影响租赁合同的效力

8. 融资租赁合同的构成要件有以下哪些？（   ）

   A. 由承租人选择出卖人、租赁物

   B. 出租人根据承租人的选择，向出卖人购买租赁物

   C. 出租人将购得的租赁物提供给承租人使用

   D. 承租人向出租人支付租金

9. 关于承揽合同中的材料，下列说法错误的是：（   ）

   A. 材料不得由定作人提供

   B. 材料不得由承揽人提供

   C. 承揽人提供材料的，应当接受定作人检验

   D. 定作人提供材料的，承揽人对定作人提供的材料应当及时检验

6. ABC，解析：《民法典》第 701 条规定，保证人可以主张债务人对债权人的抗辩。债务人放弃抗辩的，保证人仍有权向债权人主张抗辩。故 A 项正确。《民法典》第 700 条规定，保证人承担保证责任后，除当事人另有约定外，有权在其承担保证责任的范围内向债务人追偿，享有债权人对债务人的权利，但是不得损害债权人的利益。故 B 项正确。《民法典》第 689 条规定，保证人可以要求债务人提供反担保。故 C 项正确。《民法典》第 702 条规定，债务人对债权人享有抵销权或者撤销权的，保证人可以在相应范围内拒绝承担保证责任。故 D 项错误。

7. AD，解析：《民法典》第 706 条规定，当事人未依照法律、行政法规规定办理租赁合同登记备案手续的，不影响合同的效力。故 A 项正确。《民法典》第 705 条第 2 款规定，租赁期限届满，当事人可以续订租赁合同；但是，约定的租赁期限自续订之日起不得超过 20 年。故 B 项错误。《民法典》第 707 条规定，租赁期限 6 个月以上的，应当采用书面形式。当事人未采用书面形式，无法确定租赁期限的，视为不定期租赁。故 C 项错误。《民法典》第 725 条第 2 款规定，租赁物在承租人按照租赁合同占有期限内发生所有权变动的，不影响租赁合同的效力。故 D 项正确。

8. ABCD，解析：《民法典》第 735 条规定，融资租赁合同是出租人根据承租人对出卖人、租赁物的选择，向出卖人购买租赁物，提供给承租人使用，承租人支付租金的合同。据此，A、B、C、D 项均正确。

9. CD，解析：《民法典》第 774 条规定，承揽人提供材料的，应当按照约定选用材料，并接受定作人检验。据此，A 项错误，C 项正确。《民法典》第 775 条规定，定作人提供材料的，应当按照约定提供材料。承揽人对定作人提供的材料应当及时检验，发现不符合约定时，应当及时通知定作人更换、补齐或者采取其他补救措施。承揽人不得擅自更换定作人提供的材料，不得更换不需要修理的零部件。据此，B 项错误，D 项正确。

10. 建设工程合同包括下列哪些合同？（   ）

    A. 勘察合同　　　　　　　B. 设计合同

    C. 施工合同　　　　　　　D. 监理合同

11. 承运人应当在（   ）内将旅客、货物安全运输到约定地点。

    A. 指定期限　　　　　　　B. 约定期限

    C. 最短期限　　　　　　　D. 合理期限

12. 技术成果完成人享有的权利包括：（   ）

    A. 取得荣誉证书的权利

    B. 在有关技术成果文件上写明自己是技术成果完成者的权利

    C. 取得奖励的权利

    D. 对非职务技术成果订立技术合同的权利

13. 关于保管合同中的保管人的义务，下列哪些说法是正确的？（   ）

    A. 保管人应当妥善保管保管物

    B. 寄存人向保管人交付保管物的，保管人应当给付保管凭证

    C. 保管人应当按照合同约定的保管场所或方法保管保管物

    D. 紧急情况或者为维护寄存人利益，保管人可以改变约定的保管场所或方法

14. 仓储合同中，关于仓储物的提取，下列哪些说法是正确的？（   ）

    A. 约定有储存期限的，储存期限届满，存货人应当凭仓单、入库单等提取仓储物

    B. 没有约定储存期限的，存货人可以随时提取仓储物

    C. 储存期限约定不明确的，保管人不可以随时要求存货人提取仓储物

    D. 没有约定储存期限的，保管人可以随时要求存货人提取仓储物，但应当给予必要的准备时间

10. ABC，解析：《民法典》第788条规定，建设工程合同是承包人进行工程建设，发包人支付价款的合同。建设工程合同包括工程勘察、设计、施工合同。据此，A、B、C项正确。第796条规定，建设工程实行监理的，发包人应当与监理人采用书面形式订立委托监理合同。发包人与监理人的权利和义务以及法律责任，应当依照本编委托合同以及其他有关法律、行政法规的规定。据此，监理合同属于委托合同范畴。D项错误。

11. BD，解析：《民法典》第811条规定，承运人应当在约定期限或者合理期限内将旅客、货物安全运输到约定地点。据此，B、D项正确。

12. ABCD，解析：《民法典》第849条规定，完成技术成果的个人享有在有关技术成果文件上写明自己是技术成果完成者的权利和取得荣誉证书、奖励的权利。ABC正确。《民法典》第848条规定，非职务技术成果的使用权、转让权属于完成技术成果的个人，完成技术成果的个人可以就该项非职务技术成果订立技术合同。D项正确。

13. ACD，解析：《民法典》第891条规定，寄存人向保管人交付保管物的，保管人应当出具保管凭证，但是另有交易习惯的除外。也即，在有交易习惯的情况下，保管人也可以不出具保管凭证。B项错误。《民法典》第892条规定，管人应当妥善保管保管物。当事人可以约定保管场所或者方法。除紧急情况或者为维护寄存人利益外，不得擅自改变保管场所或者方法。ACD项正确。

14. ABD，解析：《民法典》第914条规定，当事人对储存期限没有约定或者约定不明确的，存货人或者仓单持有人可以随时提取仓储物，保管人也可以随时请求存货人或者仓单持有人提取仓储物，但是应当给予必要的准备时间。故BD项正确，C项错误。《民法典》第915条规定，储存期限届满，存货人或者仓单持有人应当凭仓单、入库单等提取仓储物。故A项正确。

15. 委托合同中,关于委托人支付报酬,下列哪项说法是正确的?
    ( )
    A. 当事人可以约定,因不可归责于受托人的事由,委托合同解除的,委托人不向受托人支付报酬
    B. 受托人完成委托事务的,委托人应当按照约定向其支付报酬
    C. 因不可归责于受托人的事由,委托合同解除的,委托人应当向受托人支付相应的报酬,但当事人另有约定的除外
    D. 因不可归责于受托人的事由,委托事务不能完成的,委托人应当向受托人支付相应的报酬,但当事人另有约定的除外

16. 关于行纪人按照委托人指定的价格买卖,下列哪些说法是正确的?
    ( )
    A. 行纪人低于委托人指定的价格卖出或者高于委托人指定的价格买入的,应当经委托人同意
    B. 纪人低于委托人指定的价格卖出或者高于委托人指定的价格买入,未经委托人同意,行纪人补偿其差额的,该买卖对委托人发生效力
    C. 委托人对价格有特别指示的,行纪人不得违背该指示卖出或者买入
    D. 行纪人低于委托人指定的价格卖出或者高于委托人指定的价格买入的,只有经过委托人同意,该买卖才能对委托人发生效力

17. 中介合同中,关于中介人的如实报告义务,下列哪些选项是正确的?( )
    A. 中介人故意隐瞒与订立合同有关的重要事实,损害委托人利益的,不得请求支付报酬并应当承担赔偿责任
    B. 中介人应当就有关订立合同的事项向委托人如实报告
    C. 中介人故意隐瞒与订立合同有关的重要事实,损害委托人利益的,不得请求支付报酬,但不需承担赔偿责任
    D. 中介人故意提供虚假情况,损害委托人利益的,不得请求支付报酬并应当承担赔偿责任

15. ABCD，解析：《民法典》第928条规定，受托人完成委托事务的，委托人应当按照约定向其支付报酬。因不可归责于受托人的事由，委托合同解除或者委托事务不能完成的，委托人应当向受托人支付相应的报酬。当事人另有约定的，按照其约定。

16. ABC，解析：《民法典》第955条第1款规定，纪人低于委托人指定的价格卖出或者高于委托人指定的价格买入的，应当经委托人同意；未经委托人同意，行纪人补偿其差额的，该买卖对委托人发生效力。AB项正确，D项错误。《民法典》第955条第3款规定，委托人对价格有特别指示的，行纪人不得违背该指示卖出或者买入。C项正确。

17. ABD，解析：《民法典》第962条规定，中介人应当就有关订立合同的事项向委托人如实报告。中介人故意隐瞒与订立合同有关的重要事实或者提供虚假情况，损害委托人利益的，不得请求支付报酬并应当承担赔偿责任。

18. 关于合伙合同终止，以下表述正确的是：（　　）

　　A. 合伙人死亡、丧失民事行为能力或者终止的，合伙合同终止

　　B. 合伙人死亡，但根据合伙事务性质不宜终止的，可以不终止

　　C. 合伙人丧失民事行为能力，但合伙合同另有约定的，仍然终止

　　D. 合伙人终止，但根据合伙事务性质不宜终止的，可以不终止

❋ 四、填空题

1. 标的物毁损、灭失的风险，在标的物交付之前由____承担，交付之后由____承担，但是法律另有规定或者当事人另有约定的除外。

2. 出卖人按照约定将标的物置于交付地点，买受人违反约定没有收取的，标的物毁损、灭失的风险自违反约定时起由____承担。

3. 供用电合同的内容一般包括供电的方式、质量、时间、____、地址、性质、____，电价、电费的结算方式，供用电设施的维护责任等条款。

4. 赠与____附义务。赠与附义务的，____应当按照约定履行义务。

5. 自然人之间的借款合同，自____时成立。

6. 保证合同是主债权债务合同的____。主债权债务合同无效的，保证合同____，但是法律另有规定的除外。保证合同被确认无效后，债务人、保证人、债权人有过错的，应当根据其过错____相应的民事责任。

7. 承租人经出租人____，可以将租赁物转租给第三人。承租人转租的，承租人与出租人之间的租赁合同____；第三人造成租赁物损失的，承租人应当赔偿损失。承租人未经出租人同意转租的，出租人可以____。

8. 融资租赁合同中，出租人应当保证承租人对租赁物的占有和使用。出租人无正当理由____，或者无正当理由____、干扰承租人对租赁物的占有和使用，或者因____的原因致使第三人对租赁物主张权利等的，承租人有权请求其赔偿损失。

9. 承揽合同中，承揽人完成工作的，应当向定作人交付工作成果，并提交____和有关质量证明。定作人应当____该工作成果。

18. ABD，解析：《民法典》第977条规定，合伙人死亡、丧失民事行为能力或者终止的，合伙合同终止；但是，合伙合同另有约定或者根据合伙事务的性质不宜终止的除外。

❋ 四、填空题

1. 出卖人；买受人。（《民法典》第604条）

2. 买受人。（《民法典》第608）

3. 用电容量；计量方式。（《民法典》第649条）

4. 可以；受赠人。（《民法典》第661条）

5. 贷款人提供借款。（《民法典》第679条）

6. 从合同；无效；各自承担。（《民法典》第682条）

7. 同意；继续有效；解除合同。（《民法典》第716条）

8. 收回租赁物；妨碍；出租人。（《民法典》第748条）

9. 必要的技术资料；验收。（《民法典》第780条）

专题八 美丽的契约——合同

10. 建设工程合同中，国家重大建设工程合同，应当按照国家规定的程序和国家批准的____、____等文件订立。

11. 客运合同自承运人向旅客____时成立，但是当事人另有____或者另有____的除外。

12. 在技术开发合同中，委托开发合同的当事人违反约定造成研究开发工作停滞、延误或者失败的，应当承担____。

13. ____到保管人处从事购物、就餐、住宿等活动，将物品存放在指定场所的，视为保管，但是当事人另有____或者另有____的除外。

14. 保管人根据存货人或者仓单持有人的要求，应当同意其____或者____。

15. 委托合同中，受托人应当____处理委托事务。经委托人____，受托人可以____。

16. 委托物交付给行纪人时有瑕疵或者容易腐烂、变质的，经委托人____，行纪人可以处分该物；不能与委托人及时取得联系的，行纪人可以____。

17. 合伙人对合伙期限没有约定或者约定不明确，依据《民法典》第510条的规定仍不能确定的，视为____合伙。

✱ 五、简答题

简答赠与合同中赠与人可以撤销赠与的情形及撤销权的行使期间。

10. 投资计划；可行性研究报告。(《民法典》第 792 条)

11. 交付客票；约定；交易习惯。(《民法典》第 814 条)

12. 违约责任。(《民法典》第 854 条)

13. 寄存人；约定；交易习惯。(《民法典》第 888 条第 2 款)

14. 检查仓储物；提取样品。(《民法典》第 911 条)

15. 亲自；同意；转委托。(《民法典》第 923 条)

16. 同意；合理处分。(《民法典》第 954 条)

17. 不定期。(《民法典》第 976 条第 1 款)

五、简答题

答：根据我国《民法典》第 663 条的规定：

（1）受赠人有下列情形之一的，赠与人可以撤销赠与：

①严重侵害赠与人或者赠与人近亲属的合法权益。

②对赠与人有扶养义务而不履行。

③不履行赠与合同约定的义务。

（2）赠与人的撤销权，自知道或者应当知道撤销事由之日起 1 年内行使。

第四讲　参照合同适用的"准合同"

一、判断题

1. 管理人管理事务不属于无因管理，但是受益人享有管理利益的，受益人仍然应当向管理人偿还因管理事务而支出的必要费用。（　　）
2. 管理人管理他人事务时，能够通知受益人的，应当及时通知受益人。对于管理的事务的处理，应当等待受益人的指示。（　　）
3. 管理人管理事务经受益人事后追认的，从管理事务开始时起，适用委托合同的有关规定，但是管理人另有意思表示的除外。（　　）
4. 得利人不知道取得的利益没有法律根据，取得的利益已经不存在的，不承担返还该利益的义务。（　　）

二、单选题

1. 以下关于无因管理中管理人请求受益人偿还管理费用和补偿损失的权利，表述错误的是：（　　）
    A. 管理事务不符合受益人真实意思的，原则上管理人不享有请求受益人偿还因管理事务而支出的必要费用的权利
    B. 管理事务不符合受益人真实意思的，原则上管理人不享有请求受益人就管理人因管理事务受到损失给予适当补偿的权利
    C. 管理事务不符合受益人真实意思，但受益人的真实意思违背公序良俗的，管理人可以享有请求受益人偿还管理费用和补偿损失的权利
    D. 管理事务不符合受益人真实意思，但受益人的真实意思违反行政法规的，管理人可以享有请求受益人偿还管理费用和补偿损失的权利

参考答案

❋ 一、判断题

1. ×，解析：《民法典》第980条规定，管理人管理事务不属于前条规定的情形，但是受益人享有管理利益的，受益人应当在其获得的利益范围内向管理人承担第979条第1款规定的义务。

2. ×，解析：《民法典》第982条规定，管理人管理他人事务时，能够通知受益人的，应当及时通知受益人。管理的事务不需要紧急处理的，应当等待受益人的指示。

3. √，解析：《民法典》第984条。

4. ×，解析：《民法典》第986条规定，得利人不知道且不应当知道取得的利益没有法律根据，取得的利益已经不存在的，不承担返还该利益的义务。

❋ 二、单选题

1. D，解析：《民法典》第979条规定，管理人没有法定的或者约定的义务，为避免他人利益受损失而管理他人事务，并且符合受益人真实意思的，可以请求受益人偿还因管理事务而支出的必要费用；管理人因管理事务受到损失的，可以请求受益人给予适当补偿。管理事务不符合受益人真实意思的，管理人不享有前款规定的权利；但是，受益人的真实意思违反法律或者违背公序良俗的除外。

2. 无因管理中,关于管理人的义务,下列哪项说法是错误的?(　　)

   A. 管理人管理他人事务,应当采取有利于受益人的方法

   B. 管理人管理他人事务时,能够通知受益人的,应当及时通知受益人

   C. 管理结束后,管理人应当向受益人报告管理事务的情况

   D. 管理人管理事务后,不得中断管理

3. 管理人管理事务经受益人事后追认的,从管理事务开始时起,适用(　　)的有关规定,但是管理人另有意思表示的除外。

   A. 中介合同　　　　　　　B. 行纪合同

   C. 委托合同　　　　　　　D. 保管合同

4. 得利人(　　)获得的利益没有法律根据,获得的利益已经不存在的,不承担返还该利益的义务。

   A. 不知道或不应当知道　　B. 不应当知道

   C. 不知道　　　　　　　　D. 不知道且不应当知道

三、多选题

1. 管理人管理事务不属于无因管理,但是受益人享有管理利益时,下列哪些说法是正确的?(　　)

   A. 管理人可以请求受益人偿还因管理事务而支出的必要费用

   B. 受益人不需要向管理人承担义务

   C. 管理人因管理事务受到损失的,可以请求受益人给予适当补偿

   D. 必要费用和损失补偿需要在受益人获得的利益范围内

2. 无因管理中,关于管理人的义务,下列哪些说法是正确的?(　　)

   A. 管理人管理的事务不需要紧急处理的,应当等待受益人的指示

   B. 管理人管理事务取得的财产,应当及时转交给受益人

   C. 管理人中断管理对受益人更为不利的,无正当理由不得中断

   D. 管理结束后,管理人应当向受益人报告管理事务的情况

2. D，解析：《民法典》第 981 条规定，管理人管理他人事务，应当采取有利于受益人的方法。中断管理对受益人更为不利的，无正当理由不得中断。A 项正确，D 项错误。《民法典》第 982 条规定，管理人管理他人事务时，能够通知受益人的，应当及时通知受益人。管理的事务不需要紧急处理的，应当等待受益人的指示。B 项正确。《民法典》第 983 条规定，管理结束后，管理人应当向受益人报告管理事务的情况。管理人管理事务取得的财产，应当及时转交给受益人。C 项正确。

3. C，解析：《民法典》第 984 条规定，管理人管理事务经受益人事后追认的，从管理事务开始时起，适用委托合同的有关规定，但是管理人另有意思表示的除外。

4. D，解析：《民法典》第 986 条规定，得利人不知道且不应当知道取得的利益没有法律根据，取得的利益已经不存在的，不承担返还该利益的义务。

三、多选题

1. ACD，解析：《民法典》第 980 条规定，管理人管理事务不属于前条规定的情形，但是受益人享有管理利益的，受益人应当在其获得的利益范围内向管理人承担第 979 条第 1 款规定的义务。《民法典》第 979 条第 1 款规定，管理人没有法定的或者约定的义务，为避免他人利益受损失而管理他人事务，并且符合受益人真实意思的，可以请求受益人偿还因管理事务而支出的必要费用；管理人因管理事务受到损失的，可以请求受益人给予适当补偿。据此，选项 B 错误，选项 ACD 正确。

2. ABCD，解析：《民法典》第 982 条规定，管理人管理他人事务时，能够通知受益人的，应当及时通知受益人。管理的事务不需要紧急处理的，应当等待受益人的指示。A 项正确。《民法典》第 983 条，管理结束后，管理人应当向受益人报告管理事务的情况。管理人管理事务取得的财产，应当及时转交给受益人。BD 项正确。《民法典》第 981 条规定，管理人管理他人事务，应当采取有利于受益人的方法。中断管理对受益人更为不利的，无正当理由不得中断。C 项正确。

3. 对于不当得利，受损失的人不可以请求得利人返还取得的利益的情形包括：（　　）

A. 为履行道德义务进行的给付

B. 为履行法定义务进行的给付

C. 债务到期之前的清偿

D. 明知无给付义务而进行的债务清偿

❋ 四、填空题

1. 管理人没有法定的或者约定的义务，为避免他人利益受损失而管理他人事务，并且符合受益人真实意思的，可以请求受益人偿还因管理事务而支出的＿＿＿；管理人因管理事务受到损失的，可以请求受益人给予＿＿＿。

2. 管理人管理他人事务，应当采取有利于受益人的方法。中断管理对受益人更为不利的，无正当理由不得＿＿＿。

3. 管理人管理事务经受益人事后＿＿＿的，从管理事务开始时起，适用＿＿＿的有关规定，但是管理人另有意思表示的除外。

4. ＿＿＿是指得利人没有法律根据取得不当利益的，受损失的人可以请求得利人返还取得的利益的情形。

5. 得利人＿＿＿取得的利益没有法律根据的，受损失的人可以请求得利人返还其取得的利益并依法＿＿＿。

3. ACD，解析：《民法典》第985条规定，得利人没有法律根据取得不当利益的，受损失的人可以请求得利人返还取得的利益，但是有下列情形之一的除外：（1）为履行道德义务进行的给付；（2）债务到期之前的清偿；（3）明知无给付义务而进行的债务清偿。

❈ 四、填空题

1. 必要费用；适当补偿。(《民法典》第979条第1款)

2. 中断。(《民法典》第981条)

3. 追认；委托合同。(《民法典》第984条)

4. 不当得利。(《民法典》第985条)

5. 知道或者应当知道；赔偿损失。(《民法典》第987条)

专题九

生而为人的权利——人格权

❋ 一、判断题

1. 民事主体享有生命权、身体权、健康权、姓名权、名称权、肖像权、名誉权、荣誉权、隐私权等权利和基于人身自由、人格尊严产生的其他人格权益。（　　）

2. 人格权可以放弃、转让、继承。（　　）

3. 死者的姓名、肖像、名誉、荣誉、隐私、遗体等受到侵害的，只有其配偶、子女、父母有权依法请求行为人承担民事责任。（　　）

4. 因当事人一方的违约行为，损害对方人格权并造成严重精神损害，受损害方只能在请求违约责任承担或请求精神损害赔偿中择一而行。（　　）

5. 所有的民事主体都享有生命权，有权维护自己的生命安全和生命尊严。任何组织或者个人不得侵害。（　　）

6. 自然人有权依法自主决定无偿捐献其人体细胞、人体组织、人体器官、遗体。（　　）

7. 任何组织或者个人不得以干涉、盗用、假冒等方式侵害他人的姓名权或者名称权。（　　）

8. 为实施新闻报道，不可避免地制作、使用、公开肖像权人的肖像，可以不经肖像权人同意。（　　）

9. 报刊、网络等媒体报道的内容失实，侵害他人名誉权的，受害人有权请求该媒体及时采取更正或者删除等必要措施。（　　）

参考答案

❋ 一、判断题

1. ×，解析：《民法典》第990条第2款规定，只有自然人享有基于人身自由、人格尊严产生的其他人格权益。

2. ×，解析：《民法典》第992条规定，人格权不得放弃、转让、继承。

3. ×，解析：《民法典》第994条规定，死者的姓名、肖像、名誉、荣誉、隐私、遗体等受到侵害的，其配偶、子女、父母有权依法请求行为人承担民事责任；死者没有配偶、子女并且父母已经死亡的，其他近亲属有权依法请求行为人承担民事责任。

4. ×，解析：《民法典》第996条规定，因当事人一方的违约行为，损害对方人格权并造成严重精神损害，受损害方选择请求其承担违约责任的，不影响受损害方请求精神损害赔偿。

5. ×，解析：《民法典》第1002条规定，自然人享有生命权。自然人的生命安全和生命尊严受法律保护。任何组织或者个人不得侵害他人的生命权。

6. ×，解析：《民法典》第1006条第1款规定，完全民事行为能力人有权依法自主决定无偿捐献其人体细胞、人体组织、人体器官、遗体。任何组织或者个人不得强迫、欺骗、利诱其捐献。

7. √，解析：《民法典》第1014条。

8. √，解析：《民法典》第1020条。

9. √，解析：《民法典》第1028条。

二、单选题

1. 下列哪项属于《民法典》人格权编所规范的人格权？（　　）
   A. 隐私权　　　　　　　　B. 知识产权
   C. 继承权　　　　　　　　D. 婚姻自主权

2. 死者的姓名、肖像、名誉、荣誉、隐私、遗体等受到侵害的，有权依法请求行为人承担民事责任的优先顺序是：（　　）
   A. 祖父母、外祖父母　　　B. 配偶、子女、父母
   C. 兄弟姐妹　　　　　　　D. 其他亲属

3. 因当事人一方的违约行为，损害对方人格权并造成严重精神损害，以下表述正确的是：（　　）
   A. 受损害方只能选择请求精神损害赔偿
   B. 受损害方只能选择请求精神损害赔偿请求其承担违约责任
   C. 承担违约责任不足以弥补受损害方的，可以选择请求精神损害赔偿
   D. 受损害方选择请求其承担违约责任的，不影响受损害方请求精神损害赔偿

4. 认定行为人承担侵害下列哪项人格权的民事责任，应当考虑行为人和受害人的职业、影响范围、过错程度等因素？（　　）
   A. 隐私权　　　　　　　　B. 生命权
   C. 身体权　　　　　　　　D. 健康权

5. 行为人拒不承担因其侵害人格权而应承担的民事责任，人民法院可以采取在报刊、网络等媒体上发布公告或者公布生效裁判文书等方式执行，产生的费用由行为人负担，下列哪项民事责任不属于这一范畴？（　　）
   A. 消除影响　　　　　　　B. 赔礼道歉
   C. 消除危险　　　　　　　D. 恢复名誉

二、单选题

1. **A**，解析：《民法典》第990条规定，人格权是民事主体享有的生命权、身体权、健康权、姓名权、名称权、肖像权、名誉权、荣誉权、隐私权等权利。除前款规定的人格权外，自然人享有基于人身自由、人格尊严产生的其他人格权益。

2. **B**，解析：《民法典》第994条规定，死者的姓名、肖像、名誉、荣誉、隐私、遗体等受到侵害的，其配偶、子女、父母有权依法请求行为人承担民事责任；死者没有配偶、子女并且父母已经死亡的，其他近亲属有权依法请求行为人承担民事责任。

3. **D**，解析：《民法典》第996条规定，因当事人一方的违约行为，损害对方人格权并造成严重精神损害，受损害方选择请求其承担违约责任的，不影响受损害方请求精神损害赔偿。

4. **A**，解析：《民法典》第998条规定，认定行为人承担侵害除生命权、身体权和健康权外的人格权的民事责任，应当考虑行为人和受害人的职业、影响范围、过错程度，以及行为的目的、方式、后果等因素。

5. **C**，解析：《民法典》第1000条规定，行为人因侵害人格权承担消除影响、恢复名誉、赔礼道歉等民事责任的，应当与行为的具体方式和造成的影响范围相当。行为人拒不承担前款规定的民事责任的，人民法院可以采取在报刊、网络等媒体上发布公告或者公布生效裁判文书等方式执行，产生的费用由行为人负担。

专题九 生而为人的权利——人格权

6. 以下关于生命权的表述，错误的是：（ ）
   A. 民事主体享有生命权
   B. 自然人的生命安全受法律保护
   C. 自然人的生命尊严受法律保护
   D. 任何组织或者个人不得侵害他人的生命权

7. 以下关于健康权的表述，错误的是：（ ）
   A. 自然人享有健康权
   B. 自然人的身心健康受法律保护
   C. 自然人行动自由受法律保护
   D. 自然人的健康权受到侵害的，负有法定救助义务的个人应当及时施救

8. 侵害他人的姓名权或者名称权的方式不包括：（ ）。
   A. 干涉   B. 转让
   C. 盗用   D. 假冒

9. 关于名誉和名誉权，下列表述错误的是：（ ）
   A. 民事主体享有名誉权
   B. 任何组织或者个人不得以侮辱等方式侵害他人的名誉权
   C. 任何组织或者个人不得以诽谤等方式侵害他人的名誉权
   D. 《民法典》所称名誉，是指对民事主体的品德、声望、才能、信用等的行业评价

10. 关于隐私和隐私权，以下表述错误的是：（ ）
    A. 自然人享有隐私权
    B. 任何组织或者个人不得以刺探、侵扰等方式侵害他人的隐私权
    C. 任何组织或者个人不得以泄露、公开等方式侵害他人的隐私权
    D. 《民法典》所称隐私，是指是指民事主体的私人生活安宁和私密空间、私密活动、私密信息

6. A，解析：《民法典》第1002条规定，自然人享有生命权。自然人的生命安全和生命尊严受法律保护。任何组织或者个人不得侵害他人的生命权。

7. C，解析：《民法典》第1004条规定，自然人享有健康权。自然人的身心健康受法律保护。任何组织或者个人不得侵害他人的健康权。据此AB项正确。《民法典》第1003条规定，自然人享有身体权。自然人的身体完整和行动自由受法律保护。任何组织或者个人不得侵害他人的身体权。C项属于身体权的内容。《民法典》第1005条规定，自然人的生命权、身体权、健康权受到侵害或者处于其他危难情形的，负有法定救助义务的组织或者个人应当及时施救。D项正确。

8. B，解析：《民法典》第1014条规定，任何组织或者个人不得以干涉、盗用、假冒等方式侵害他人的姓名权或者名称权。选项ACD正确。《民法典》第1013条规定，法人的名称权可以依法转让，B项错误。

9. D，解析：《民法典》第1024条规定，民事主体享有名誉权。任何组织或者个人不得以侮辱、诽谤等方式侵害他人的名誉权。名誉是对民事主体的品德、声望、才能、信用等的社会评价。据此，选项ABC正确，选项D错误。

10. D，解析：《民法典》第1032条规定，自然人享有隐私权。任何组织或者个人不得以刺探、侵扰、泄露、公开等方式侵害他人的隐私权。隐私是自然人的私人生活安宁和不愿为他人知晓的私密空间、私密活动、私密信息。据此，ABC项正确，D项错误。

专题九 生而为人的权利——人格权

❋ 三、多选题

1. 民事主体的人格权受法律保护，任何(　　)不得侵害。
   A. 单位　　　　　　　　B. 组织
   C. 个人　　　　　　　　D. 机关

2. 自然人可以将自己的(　　)等许可他人使用，但是依照法律规定或者根据其性质不许可的除外。
   A. 姓名　　　　　　　　B. 名称
   C. 肖像　　　　　　　　D. 荣誉

3. 人格权受到侵害的，受害人提出的请求行为人承担民事责任的请求权中，不适用诉讼时效的规定的是：(　　)
   A. 停止侵害请求权
   B. 排除妨碍、消除危险请求权
   C. 消除影响、恢复名誉请求权
   D. 赔礼道歉请求权

4. 关于申请人民法院采取责令行为人停止侵害人格权行为的措施，需要满足的条件有：(　　)
   A. 民事主体有证据证明行为人正在实施侵害其人格权的违法行为
   B. 民事主体有证据证明行为人即将实施侵害他人人格权的违法行为
   C. 民事主体有证据证明行为人即将实施侵害其人格权的违法行为
   D. 不及时制止将使申请人合法权益受到难以弥补的损害的

5. 为公共利益实施新闻报道、舆论监督等行为的，可以合理使用民事主体人格权中的哪些内容？(　　)
   A. 姓名　　　　　　　　B. 名称
   C. 肖像　　　　　　　　D. 荣誉

161

三、多选题

1. BC，解析：《民法典》第 991 条规定，民事主体的人格权受法律保护，任何组织或者个人不得侵害。

2. AC，解析：《民法典》第 993 条规定，民事主体可以将自己的姓名、名称、肖像等许可他人使用，但是依照法律规定或者根据其性质不得许可的除外。其中，自然人享有姓名权，法人、非法人组织享有名称权，故 AC 正确，BD 错误。

3. ABCD，解析：《民法典》第 995 条规定，人格权受到侵害的，受害人有权依照本法和其他法律的规定请求行为人承担民事责任。受害人的停止侵害、排除妨碍、消除危险、消除影响、恢复名誉、赔礼道歉请求权，不适用诉讼时效的规定。

4. ABCD，解析：《民法典》第 997 条规定，民事主体有证据证明行为人正在实施或者即将实施侵害其人格权的行为，不及时制止将使其合法权益受到难以弥补的损害的，有权依法向人民法院申请采取责令行为人停止有关行为的措施。

5. ABC，解析：《民法典》第 999 条规定，为公共利益实施新闻报道、舆论监督等行为的，可以合理使用民事主体的姓名、名称、肖像、个人信息等；使用不合理侵害民事主体人格权的，应当依法承担民事责任。

专题九　生而为人的权利——人格权

6. 对自然人因婚姻家庭关系等产生的身份权利的保护，适用以下哪些规定？（　　）

   A. 《民法典》总则编

   B. 《民法典》婚姻家庭编

   C. 其他法律相关规定

   D. 没有以上规定的，可以根据其性质参照适用《民法典》人格权编人格权保护的有关规定

7. 以下关于身体权的表述，正确的是：（　　）

   A. 自然人享有身体权

   B. 自然人的身体完整和行动自由受法律保护

   C. 自然人的身心健康受法律保护

   D. 任何组织或者个人不得侵害他人的身体权

8. 自然人的(　　)受到侵害或者处于其他危难情形，负有法定救助义务的组织或者个人应当及时施救。

   A. 生命权　　　B. 名誉权　　　C. 身体权　　　D. 健康权

9. 下列属于禁止买卖的有：（　　）

   A. 人体组织　　B. 人体器官　　C. 人体细胞　　D. 遗体

10. 自然人可以在父姓和母姓之外选取姓氏的情形有：（　　）

    A. 选取其他直系长辈血亲的姓氏

    B. 因由法定扶养人以外的人扶养而选取扶养人姓氏

    C. 有不违背公序良俗的其他正当理由

    D. 少数民族的文化传统和风俗习惯

✽ 四、填空题

1. 《民法典》人格权编调整因人格权的____和____产生的民事关系。

2. 民事主体的人格权受法律保护，____不得侵害。

6. ABCD，解析：《民法典》第1001条规定，对自然人因婚姻家庭关系等产生的身份权利的保护，适用本法第一编、第五编和其他法律的相关规定；没有规定的，可以根据其性质参照适用本编人格权保护的有关规定。

7. ABD，解析：《民法典》第1003条规定，自然人享有身体权。自然人的身体完整和行动自由受法律保护。任何组织或者个人不得侵害他人的身体权。ABD项正确。《民法典》第1004条规定，C项属于自然人健康权的内容。

8. ACD，解析：《民法典》第1005条规定，自然人的生命权、身体权、健康权受到侵害或者处于其他危难情形的，负有法定救助义务的组织或者个人应当及时施救。

9. ABCD，解析：《民法典》第1007条规定，禁止以任何形式买卖人体细胞、人体组织、人体器官、遗体。违反前款规定的买卖行为无效。

10. ABCD，解析：《民法典》第1015条规定，自然人的姓氏应当随父姓或者母姓，但是有下列情形之一的，可以在父姓和母姓之外选取姓氏：（1）选取其他直系长辈血亲的姓氏；（2）因由法定扶养人以外的人扶养而选取扶养人姓氏；（3）有不违背公序良俗的其他正当理由。少数民族自然人的姓氏可以遵从本民族的文化传统和风俗习惯。

❀ 四、填空题

1. 享有；保护。(《民法典》第989条)
2. 任何组织或者个人。(《民法典》第991条)

专题九　生而为人的权利——人格权

3. 民事主体可以将自己的姓名、名称、肖像等许可他人使用，但是____或者____的除外。
4. 人格权受到侵害的受害人的____、____、____、____、____、____请求权，不适用诉讼时效的规定。
5. 民事主体有证据证明行为人____或者____侵害其人格权的违法行为，不及时制止将使其合法权益受到____的损害的，有权依法向____申请采取责令行为人停止有关行为的措施。
6. 为了____实施新闻报道、____等行为的，可以____民事主体的姓名、名称、肖像、个人信息等；使用不合理侵害民事主体人格权的，应当依法承担民事责任。
7. 对自然人因婚姻家庭关系等产生的身份权利的保护，适用《民法典》总则编、婚姻家庭编和其他法律的相关规定；没有规定的，可以____参照适用《民法典》人格权编____的有关规定。
8. 自然人享有身体权。自然人的____和____受法律保护。
9. 自然人的____、____、____受到侵害或者处于其他危难情形的，____的组织或者个人应当及时施救。

❋ 五、简答题

1. 我国《民法典》所规范的人格权包含哪些权利？
2. 简述我国《民法典》规定的肖像权的合理使用情形。

3. 依照法律规定；根据其性质不得许可。(《民法典》第 993 条)

4. 停止侵害；排除妨碍；消除危险；消除影响；恢复名誉；赔礼道歉。(《民法典》第 995 条)

5. 正在实施；即将实施；难以弥补；人民法院。(《民法典》第 997 条)

6. 公共利益；舆论监督；合理使用。(《民法典》第 999 条)

7. 根据其性质；人格权保护。(《民法典》1001 条)

8. 身体完整；行动自由。(《民法典》1003 条)

9. 生命权；身体权；健康权；负有法定救助义务。(《民法典》1005 条)

※ 五、简答题

1. 答：《民法典》第 990 条规定，人格权是民事主体享有的生命权、身体权、健康权、姓名权、名称权、肖像权、名誉权、荣誉权、隐私权等。此外，自然人享有基于人身自由、人格尊严产生的其他人格权益。

2. 答：《民法典》第 1020 条规定，合理实施下列行为的，可以不经肖像权人同意：（1）为个人学习、艺术欣赏、课堂教学或者科学研究，在必要范围内使用肖像权人已经公开的肖像；（2）为实施新闻报道，不可避免地制作、使用、公开肖像权人的肖像；（3）为依法履行职责，国家机关在必要范围内制作、使用、公开肖像权人的肖像；（4）为展示特定公共环境，不可避免地制作、使用、公开肖像权人的肖像；（5）为维护公共利益或者肖像权人合法权益，制作、使用、公开肖像权人的肖像的其他行为。

专题十 婚姻、家庭与继承

❋ 一、判断题

1. 我国实行婚姻自由、一夫一妻、男女平等的婚姻制度。（　　）

2. 小赵（男）今年20周岁，小曲（女）今年18周岁，二人不能登记结婚。（　　）

3. 莎莎因在国外留学，委托律师陈某代其与男友小杨办理结婚登记。（　　）

4. 夫妻在婚姻家庭关系中地位平等。（　　）

5. 夫妻一方要求离婚的，可以直接向人民法院提起离婚诉讼。（　　）

6. 军人的配偶要求离婚，应当征得军人同意。（　　）

7. 未成年人均可以被收养。（　　）

8. 未成年人的父母均不具备完全民事行为能力的，该未成年人的监护人可以将其送养。（　　）

9. 按照法定继承顺序，同一顺序继承人的继承份额一律均等。（　　）

10. 只要有两个以上见证人在场见证，遗嘱人即可立口头遗嘱。（　　）

11. 立有数份遗嘱，内容相抵触的，抵触的部分均不发生法律效力。（　　）

12. 无人继承又无人受遗赠的遗产，一律上缴国库，归国家所有。（　　）

参考答案

❄ 一、判断题

1. √，解析：《民法典》第1041条。
2. √，解析：《民法典》第1047条。
3. ×，解析：《民法典》第1049条规定，要求结婚的男女双方应当亲自到婚姻登记机关申请结婚登记。
4. √，解析：《民法典》第1055条。
5. √，解析：《民法典》第1079条第1款。
6. ×，解析：《民法典》第1081条规定，现役军人的配偶要求离婚，应当征得军人同意，但是军人一方有重大过错的除外。
7. ×，解析：《民法典》第1093条规定，下列未成年人，可以被收养：（1）丧失父母的孤儿；（2）查找不到生父母的未成年人；（3）生父母有特殊困难无力抚养的子女。
8. ×，解析：《民法典》第1095条规定，未成年人的父母均不具备完全民事行为能力且可能严重危害该未成年人的，该未成年人的监护人可以将其送养。
9. ×，解析：《民法典》第1130条规定，同一顺序继承人继承遗产的份额，一般应当均等。对生活有特殊困难又缺乏劳动能力的继承人，分配遗产时，应当予以照顾。对被继承人尽了主要扶养义务或者与被继承人共同生活的继承人，分配遗产时，可以多分。有扶养能力和有扶养条件的继承人，不尽扶养义务的，分配遗产时，应当不分或者少分。继承人协商同意的，也可以不均等。
10. ×，解析：《民法典》第1138条规定，遗嘱人在危急情况下，可以立口头遗嘱。口头遗嘱应当有两个以上见证人在场见证。危急情况消除后，遗嘱人能够以书面或者录音录像形式立遗嘱的，所立的口头遗嘱无效。
11. ×，解析：《民法典》第1142条规定，遗嘱人可以撤回、变更自己所立的遗嘱。立遗嘱后，遗嘱人实施与遗嘱内容相反的民事法律行为的，视为对遗嘱相关内容的撤回。立有数份遗嘱，内容相抵触的，以最后的遗嘱为准。
12. ×，解析：《民法典》第1160条规定，无人继承又无人受遗赠的遗产，归国家所有，用于公益事业；死者生前是集体所有制组织成员的，归所在集体所有制组织所有。

专题十 婚姻、家庭与继承

❋ 二、单选题

1. 下列哪项不属于被禁止的婚姻家庭行为?( )
   A. 无配偶者与他人同居　　B. 重婚
   C. 家庭暴力　　　　　　　D. 遗弃子女

2. 下列哪一选项不违反结婚自愿?( )
   A. 甲男所在单位认为甲的结婚对象构成对单位的重大利益冲突,要求甲重新考虑结婚事宜
   B. 乙女与男方结婚是因为男方表示如果不和他登记他可能会自杀
   C. 丙女的父亲召集亲友商量女儿婚事,并发表看法和建议
   D. 丁女的母亲为女儿结婚向家境极度困难的男方家里要求婚前给付大量彩礼

3. 下列哪一选项不属于禁止结婚的亲属关系?( )
   A. 堂兄妹　　　　　　　　B. 姑表兄妹
   C. 姨(舅)表兄妹　　　　D. 无血缘关系的继兄妹

4. 下列财产中,属于夫妻共同财产的是哪一项?( )
   A. 婚后双方的工资收入
   B. 婚前男方全款购买的婚房
   C. 婚前各方名下的存款
   D. 婚后接受的赠与,且该赠与明确只归属于男方

5. 在婚姻关系存续期间,下列哪一债务不属于夫妻共同债务?( )
   A. 夫妻一方以个人名义为家庭日常生活需要所负的债务
   B. 夫妻一方以个人名义超出家庭日常生活需要所负的债务
   C. 夫妻一方以个人名义超出家庭日常生活需要所负的债务,但债权人能证明该债务用于夫妻共同生活
   D. 基于夫妻共同意思表示,夫妻一方以个人名义超出家庭日常生活需要所负的债务

二、单选题

1. A，解析：《民法典》第 1042 条规定，禁止包办、买卖婚姻和其他干涉婚姻自由的行为。禁止借婚姻索取财物。禁止重婚。禁止有配偶者与他人同居。禁止家庭暴力。禁止家庭成员间的虐待和遗弃。故 A 项当选。

2. C，解析：《民法典》第 1046 条规定，结婚应当男女双方完全自愿，禁止任何一方对另一方加以强迫或者任何组织、个人加以干涉。故 ABD 项错误。

3. D，解析：《民法典》第 1048 条规定，直系血亲或者三代以内的旁系血亲禁止结婚。故 D 项当选。

4. A，解析：《民法典》第 1062 条第 1 项规定，A 项属于夫妻共同财产。《民法典》第 1063 条第 1 项和第 3 项规定，B、C 两项属于婚前个人财产，D 项属于婚后取得的只归属于一方的赠与财产，BCD 依法均属于夫妻一方个人财产。故 A 项当选。

5. B，解析：《民法典》第 1064 条规定，夫妻双方共同签名或者夫妻一方事后追认等共同意思表示所负的债务，以及夫妻一方在婚姻关系存续期间以个人名义为家庭日常生活需要所负的债务，属于夫妻共同债务。夫妻一方在婚姻关系存续期间以个人名义超出家庭日常生活需要所负的债务，不属于夫妻共同债务；但是，债权人能够证明该债务用于夫妻共同生活、共同生产经营或者基于夫妻双方共同意思表示的除外。故 B 项当选。

6. 下列关于协议离婚的说法，哪一项是正确的？（　　）

　　A. 应当签订书面离婚协议

　　B. 可以委托代理律师到婚姻登记机关办理

　　C. 离婚协议写明自愿离婚即可

　　D. 离婚协议应当载明双方各自对财产以及债务处理的意见

7. 下列哪一种情形下，婚姻关系解除？（　　）

　　A. 双方分居　　　　　　　B. 完成离婚登记

　　C. 作出离婚判决　　　　　D. 作出离婚调解书

8. 下列哪一个人或组织可以作送养人？（　　）

　　A. 医疗机构　　　　　　　B. 儿童福利机构

　　C. 孤儿的近亲属　　　　　D. 生父母

9. 下列关于监护人送养孤儿的表述，哪一项是正确的？（　　）

　　A. 送养孤儿应当征得其本人同意

　　B. 送养孤儿应当及时通知有抚养义务的人

　　C. 监护人不愿意继续履行监护职责的，应当另行确定监护人

　　D. 送养孤儿应当征得其近亲属的同意

10. 关于代位继承，以下表述正确的是：（　　）

　　A. 被继承人的子女先于被继承人死亡的，由被继承人的子女的直系血亲代位继承

　　B. 被继承人的兄弟姐妹先于被继承人死亡的，由被继承人的兄弟姐妹的子女代位继承

　　C. 代位继承人继承的遗产份额以被代位继承人有权继承的遗产份额为限

　　D. 代位继承既可适用于法定继承，又可适用于遗嘱继承和遗赠

11. 关于遗嘱的撤回、变更及其效力，以下表述正确的是：（　　）

　　A. 遗嘱人可以撤回遗嘱

　　B. 遗嘱人可以立数份遗嘱

　　C. 遗嘱人不得实施与遗嘱内容相反的民事法律行为

　　D. 遗嘱人可以变更遗嘱

6. A，解析：《民法典》第1076条规定，夫妻双方自愿离婚的，应当签订书面离婚协议，并亲自到婚姻登记机关申请离婚登记。离婚协议应当载明双方自愿离婚的意思表示和对子女抚养、财产以及债务处理等事项协商一致的意见。故A项正确。

7. B，解析：《民法典》第1080条规定，完成离婚登记，或者离婚判决书、调解书生效，即解除婚姻关系。故B项当选。

8. B，解析：《民法典》第1094条规定，下列个人、组织可以作送养人：（1）孤儿的监护人；（2）儿童福利机构；（3）有特殊困难无力抚养子女的生父母，故B项当选。

9. C，解析：《民法典》第1096条规定，监护人送养孤儿的，应当征得有抚养义务的人同意。有抚养义务的人不同意送养、监护人不愿意继续履行监护职责的，应当依照本法第一编的规定另行确定监护人。故C项正确。

10. B，解析：《民法典》第1128条规定，被继承人的子女先于被继承人死亡的，由被继承人的子女的直系晚辈血亲代位继承。被继承人的兄弟姐妹先于被继承人死亡的，由被继承人的兄弟姐妹的子女代位继承。代位继承人一般只能继承被代位继承人有权继承的遗产份额。

11. C，解析：《民法典》第1142条规定，遗嘱人可以撤回、变更自己所立的遗嘱。立遗嘱后，遗嘱人实施与遗嘱内容相反的民事法律行为的，视为对遗嘱相关内容的撤回。立有数份遗嘱，内容相抵触的，以最后的遗嘱为准。据此。ABD项正确，C项错误。

12. 遗产管理人因故意或重大过失对( )造成损害的,要承担民事责任。

　　A. 继承人

　　B. 受遗赠人

　　C. 与继承人、受遗赠人有利害关系的人

　　D. 债权人

13. 关于转继承,以下表述正确的是:( )

　　A. 前提是继承开始后,继承人于遗产分割前死亡

　　B. 继承人没有放弃继承

　　C. 死亡继承人应当继承的遗产转给其继承人

　　D. 遗嘱中对转继承进行安排的,该项安排无效

三、多选题

1. 下列哪些选项属于"家庭成员"?( )

　　A. 配偶　　　　　　　　B. 共同生活的近亲属

　　C. 子女　　　　　　　　D. 父母

2. 下列哪些人符合我国法定婚龄要求?( )

　　A. 小吕,男,22周岁　　　B. 小肖,女,19周岁

　　C. 小宣,女,25周岁　　　D. 小张,男,20周岁

3. 下列哪些行为不符合婚姻登记的有关规定?( )

　　A. 可以找他人代自己办理结婚登记

　　B. 表兄妹可以申请办理结婚登记

　　C. 未满18周岁的人申请办理结婚登记

　　D. 办完婚礼之后,一直未补办结婚登记

4. 小吴在一次外出时不幸遇难,留下财产若干。下列哪些人有权继承小吴的遗产?( )

　　A. 小吴的父亲　　　　　B. 小吴的母亲

　　C. 小吴的妻子　　　　　D. 小吴的儿子

12. C，解析：《民法典》第 1148 规定，遗产管理人应当依法履行职责，因故意或者重大过失造成继承人、受遗赠人、债权人损害的，应当承担民事责任。

13. D，解析：《民法典》第 1152 条规定，继承开始后，继承人于遗产分割前死亡，并没有放弃继承的，该继承人应当继承的遗产转给其继承人，但是遗嘱另有安排的除外。据此，ABC 项正确，D 项错误。

三、多选题

1. ABCD，解析：《民法典》第 1045 条第 3 款规定，配偶、父母、子女和其他共同生活的近亲属为家庭成员。

2. AC，解析：《民法典》第 1047 条规定，结婚年龄，男不得早于 22 周岁，女不得早于 20 周岁。故 AC 项当选。

3. ABCD，解析：《民法典》第 1049 条规定，要求结婚的男女双方应当亲自到婚姻登记机关申请结婚登记。符合本法规定的，予以登记，发给结婚证。完成结婚登记，即确立婚姻关系。未办理结婚登记的，应当补办登记。故 ABCD 项当选。

4. ABCD，解析：《民法典》第 1061 条规定，夫妻有相互继承遗产的权利。第 1127 条第 1 款规定，遗产按照下列顺序继承：（1）第一顺序：配偶、子女、父母；（2）第二顺序：兄弟姐妹、祖父母、外祖父母。故 ABCD 均当选。

专题十　婚姻、家庭与继承

5. 下列哪些财产属于夫妻一方的个人财产？（　　）

    A. 一方的婚前财产

    B. 一方因受到人身损害获得的赔偿金、补偿金

    C. 遗嘱中确定只归一方的财产

    D. 双方共用的生活用品

6. 下列关于"离婚冷静期"，下列哪些说法是错误的？（　　）

    A. 任何一方不愿意离婚的，可以随时向婚姻登记机关撤回离婚登记申请

    B. 自婚姻登记机关收到离婚登记申请之日起满60日，双方未到婚姻登记机关撤回离婚登记申请的，婚姻登记机关应当发给离婚证

    C. 自婚姻登记机关收到离婚登记申请之日起30日内，任何一方不愿意离婚的，可以向婚姻登记机关撤回离婚登记申请

    D. C项规定期限届满后15日内，双方应当亲自到婚姻登记机关申请发给离婚证；未申请的，视为撤回离婚登记申请

7. 人民法院审理离婚案件，下列哪些情形下，经调解无效的，应当准予离婚？（　　）

    A. 重婚或者与他人同居

    B. 有赌博、吸毒等恶习屡教不改

    C. 因感情不和分居满2年

    D. 实施家庭暴力或者虐待、遗弃家庭成员

8. 未成年人的监护人的送养，需同时满足下列哪些条件？（　　）

    A. 未成年人的父亲不具备完全民事行为能力

    B. 未成年人的母亲不具备完全民事行为能力

    C. 未成年人的父母可能严重危害该未成年人

    D. 未成年人的父母可能危害该未成年人

5. ABC，解析：《民法典》第1063条规定，下列财产为夫妻一方的个人财产：（1）一方的婚前财产；（2）一方因受到人身损害获得的赔偿或者补偿；（3）遗嘱或者赠与合同中确定只归一方的财产；（4）一方专用的生活用品；（5）其他应当归一方的财产。故ABC项当选。

6. ABD，解析：《民法典》第1077条规定，自婚姻登记机关收到离婚登记申请之日起30日内，任何一方不愿意离婚的，可以向婚姻登记机关撤回离婚登记申请。前款规定期限届满后30日内，双方应当亲自到婚姻登记机关申请发给离婚证；未申请的，视为撤回离婚登记申请，故ABD项错误。

7. ABCD，解析：《民法典》第1079条第3款规定，有下列情形之一，调解无效的，应当准予离婚：（1）重婚或者与他人同居；（2）实施家庭暴力或者虐待、遗弃家庭成员；（3）有赌博、吸毒等恶习屡教不改；（4）因感情不和分居满2年；（5）其他导致夫妻感情破裂的情形。故ABCD项当选。

8. ABC，解析：《民法典》第1095条规定，未成年人的父母均不具备完全民事行为能力且可能严重危害该未成年人的，该未成年人的监护人可以将其送养。故ABC项当选。

9. 关于生父母的送养方式，以下表述正确的是：（　　）

   A. 应当双方共同送养

   B. 生父母一方不明的，可以单方送养

   C. 生父母一方查找不到的，可以单方送养

   D. 生父母一方不明或者查找不到的，对方不得送养

10. 关于继承权和受遗赠权的丧失，以下表述正确的是：（　　）

    A. 继承人故意杀害被继承人的，丧失继承权

    B. 受遗赠人销毁遗嘱的，丧失受遗赠权

    C. 继承人虐待被继承人情节严重，确有悔改表现，被继承人事后在遗嘱中将其列为继承人的，继承人不丧失继承权

    D. 受遗赠人伪造遗嘱情节严重，确有悔改表现，立遗嘱人表示宽恕的，受遗赠人不丧失受遗赠权

11. 关于法定继承人的继承顺序，以下表述正确的是：（　　）

    A. 第一顺序：配偶、子女

    B. 第二顺序：兄弟姐妹、祖父母、外祖父母

    C. 子女包括继子女

    D. 兄弟姐妹包括同父异母的兄弟姐妹

12. 关于公证遗嘱，以下表述正确的是：（　　）

    A. 应当由遗嘱人亲自办理

    B. 应当经公证机构办理

    C. 遗嘱人不得撤回公证遗嘱

    D. 立有数份遗嘱，内容相抵触的，以公证遗嘱为准

13. 关于遗嘱无效，以下表述正确的是：（　　）

    A. 限制民事行为能力人所立的遗嘱无效

    B. 受欺诈所立的遗嘱无效

    C. 伪造的遗嘱无效

    D. 被篡改的遗嘱无效

9. ABC，解析：《民法典》第 1097 条规定，生父母送养子女，应当双方共同送养。生父母一方不明或者查找不到的，可以单方送养。故 ABC 项当选。

10. ABC，解析：《民法典》第 1125 条规定，继承人有下列行为之一的，丧失继承权：（1）故意杀害被继承人；（2）为争夺遗产而杀害其他继承人；（3）遗弃被继承人，或者虐待被继承人情节严重；（4）伪造、篡改、隐匿或者销毁遗嘱，情节严重；（5）以欺诈、胁迫手段迫使或者妨碍被继承人设立、变更或者撤回遗嘱，情节严重。继承人有前款第 3 项至第 5 项行为，确有悔改表现，被继承人表示宽恕或者事后在遗嘱中将其列为继承人的，该继承人不丧失继承权。受遗赠人有本条第 1 款规定行为的，丧失受遗赠权。

11. BD，解析：《民法典》第 1127 条规定，遗产按照下列顺序继承：（1）第一顺序：配偶、子女、父母；（2）第二顺序：兄弟姐妹、祖父母、外祖父母。继承开始后，由第一顺序继承人继承，第二顺序继承人不继承；没有第一顺序继承人继承的，由第二顺序继承人继承。本编所称子女，包括婚生子女、非婚生子女、养子女和有扶养关系的继子女。本编所称父母，包括生父母、养父母和有扶养关系的继父母。本编所称兄弟姐妹，包括同父母的兄弟姐妹、同父异母或者同母异父的兄弟姐妹、养兄弟姐妹、有扶养关系的继兄弟姐妹。

12. AB，解析：《民法典》第 1139 条规定，公证遗嘱由遗嘱人经公证机构办理。AB 项正确。《民法典》第 1142 条规定，遗嘱人可以撤回、变更自己所立的遗嘱。立遗嘱后，遗嘱人实施与遗嘱内容相反的民事法律行为的，视为对遗嘱相关内容的撤回。立有数份遗嘱，内容相抵触的，以最后的遗嘱为准。据此，CD 项错误。

13. ABC，解析：《民法典》第 1143 条规定，无民事行为能力人或者限制民事行为能力人所立的遗嘱无效。遗嘱必须表示遗嘱人的真实意思，受欺诈、胁迫所立的遗嘱无效。伪造的遗嘱无效。遗嘱被篡改的，篡改的内容无效。据此，D 项遗嘱被篡改的，遗嘱本身并非无效，只是其中被篡改的内容无效，未被篡改的部分如无其他遗嘱无效情形，仍然有效。ABC 项正确。

14. 关于遗产的保管，以下表述正确的是：（　　）

   A. 存有遗产的人，应当妥善保管遗产

   B. 任何组织不得侵吞遗产

   C. 任何个人不得争抢遗产

   D. 存有遗产的人，应当将遗产移交遗产管理人统一保管

15. 关于胎儿的预留份，以下表述正确的是：（　　）

   A. 遗产分割时，可以适当保留胎儿的继承份额

   B. 遗产分割时，应当保留胎儿的继承份额

   C. 胎儿娩出时是死体的，保留的份额按照法定继承办理

   D. 胎儿娩出时是死体的，保留的份额由被继承人的继承人继承

❋ 四、填空题

1. 禁止____、____婚姻和其他____婚姻自由的行为。

2. 结婚应当男女双方____，禁止任何一方对另一方加以强迫或者任何组织、个人加以干涉。

3. ____或者____禁止结婚。

4. 夫妻双方都有____自己姓名的权利。

5. 夫妻双方____对未成年子女抚养、教育和保护的权利，____对未成年子女抚养、教育和保护的义务。

6. 夫妻双方自愿离婚的，应当签订____离婚协议，并____到婚姻登记机关申请离婚登记。离婚协议应当载明双方自愿离婚的意思表示和对____、____以及____等事项协商一致的意见。

7. 婚姻登记机关查明双方确实是____离婚，并已经对____、____以及____等事项协商一致的，予以登记，发给离婚证。

8. 无子女的收养人可以收养____子女；有子女的收养人只能收养____子女。

14. ABC，解析：《民法典》第1151条规定，存有遗产的人，应当妥善保管遗产，任何组织或者个人不得侵吞或者争抢。

15. BCD，解析：《民法典》第1155条规定，遗产分割时，应当保留胎儿的继承份额。胎儿娩出时是死体的，保留的份额按照法定继承办理。据此，A项错误，BCD项正确。

❀ 四、填空题

1. 包办；买卖；干涉。(《民法典》第1042条)

2. 完全自愿。(《民法典》第1046条)

3. 直系血亲；三代以内旁系血亲。(《民法典》第1048条)

4. 各自使用。(《民法典》第1056条)

5. 平等享有；共同承担。(《民法典》第1058条)

6. 书面；亲自；子女抚养；财产；债务处理。(《民法典》第1076条)

7. 自愿；子女抚养；财产；债务处理。(《民法典》第1078条)

8. 2名；1名。(《民法典》第1100条)

专题十 婚姻、家庭与继承

9. 无配偶者收养____子女的，收养人与被收养人的年龄应当相差____周岁以上。
10. 继承开始后，按照____办理；有____的，按照____或者____办理；有____，按照协议办理。
11. 继承人____杀害被继承人的，丧失继承权。
12. 遗产第一顺序继承人有____、____、____。
13. 以录音录像形式立的遗嘱，应当有两个以上见证人在场见证。遗嘱人和见证人应当在录音录像中记录其____，以及年、月、日。
14. 遗嘱应当为____的继承人保留必要的遗产份额。
15. 无民事行为能力人或者限制民事行为能力人所立的遗嘱____。
16. 既有法定继承又有遗嘱继承、遗赠的，由____清偿被继承人依法应当缴纳的税款和债务；超过法定继承遗产实际价值部分，由____和____按____以所得遗产清偿。

五、简答题

1. 简述我国婚姻家庭关系的基本原则。
2. 简述婚姻可撤销的情形。
3. 在婚姻存续期间，哪些财产为夫妻共同财产？
4. 简述我国《民法典》关于"离婚冷静期"的规定。

9. 异性；40。(《民法典》第 1102 条)
10. 法定继承；遗嘱；遗嘱继承；遗嘱；遗赠扶养协议。(《民法典》第 1123 条)
11. 故意。(《民法典》第 1125 条)
12. 配偶；子女；父母。(《民法典》第 1127 条)
13. 姓名或者肖像。(《民法典》第 1137 条)
14. 缺乏劳动能力又没有生活来源。(《民法典》第 1141 条)
15. 无效。(《民法典》第 1143 条)
16. 法定继承人；遗嘱继承人；受遗赠人；比例。(《民法典》第 1163 条)

❋ 五、简答题

1. 答：《民法典》第 1041 条规定，我国婚姻家庭关系的基本原则是：(1) 婚姻家庭受国家保护。(2) 实行婚姻自由、一夫一妻、男女平等的婚姻制度。(3) 保护妇女、未成年人、老年人、残疾人的合法权益。

2. 答：《民法典》第 1052、1053 条规定，婚姻可撤销的情形有：(1) 因胁迫结婚的，受胁迫的一方可以向人民法院请求撤销婚姻。请求撤销婚姻的，应当自胁迫行为终止之日起 1 年内提出。(2) 被非法限制人身自由的当事人请求撤销婚姻的，应当自恢复人身自由之日起 1 年内提出。(3) 一方患有重大疾病的，应当在结婚登记前如实告知另一方；不如实告知的，另一方可以向人民法院请求撤销婚姻。请求撤销婚姻的，应当自知道或者应当知道撤销事由之日起 1 年内提出。

3. 答：《民法典》第 1062 条规定，夫妻在婚姻关系存续期间所得的下列财产，为夫妻的共同财产，归夫妻共同所有：(1) 工资、奖金、劳务报酬；(2) 生产、经营、投资的收益；(3) 知识产权的收益；(4) 继承或者受赠的财产，但是本法第 1063 条第 3 项规定（遗嘱或者赠与合同中确定只归一方的财产）的除外；(5) 其他应当归共同所有的财产。

4. 答：《民法典》第 1077 条规定，自婚姻登记机关收到离婚登记申请之日起 30 日内，任何一方不愿意离婚的，可以向婚姻登记机关撤回离婚登记申请。前款规定期限届满后 30 日内，双方应当亲自到婚姻登记机关申请发给离婚证；未申请的，视为撤回离婚登记申请。

专题十一

侵权那些事儿

第一讲 侵权的一般规定

一、判断题

1. 行为人因过错侵害他人民事权益造成损害的,应当承担侵权责任。( )

2. 二人以上共同实施侵权行为,造成他人损害的,应当承担按份责任。( )

3. 二人以上实施危及他人人身、财产安全的行为,其中一人或者数人的行为造成他人损害,能够确定具体侵权人的,由侵权人承担侵权责任。( )

4. 损害是因受害人重大过失造成的,行为人不承担责任。( )

5. 因同一侵权行为造成多人死亡的,应当以相同数额确定死亡赔偿金。( )

6. 侵害他人人身权益造成财产损失的,只能按照被侵权人因此受到的损失赔偿。( )

7. 侵害他人财产的,财产损失按照索赔时的市场价格或者其他合理方式计算。( )

8. 受害人和行为人对损害的发生都没有过错的,依照双方约定分担损失。( )

参考答案

❋ 一、判断题

1. √，解析：《民法典》第1165条第1款。

2. ×，解析：《民法典》第1168条规定，二人以上共同实施侵权行为，造成他人损害的，应当承担连带责任。

3. √，解析：《民法典》第1170条。

4. ×，解析：《民法典》第1174条规定，损害是因受害人故意造成的，行为人不承担责任。

5. ×，解析：《民法典》第1180条规定，因同一侵权行为造成多人死亡的，可以以相同数额确定死亡赔偿金。

6. ×，解析：《民法典》第1182条规定，侵害他人人身权益造成财产损失的，按照被侵权人因此受到的损失或者侵权人因此获得的利益赔偿；被侵权人因此受到的损失以及侵权人因此获得的利益难以确定，被侵权人和侵权人就赔偿数额协商不一致，向人民法院提起诉讼的，由人民法院根据实际情况确定赔偿数额。

7. ×，解析：《民法典》第1184条规定，侵害他人财产的，财产损失按照损失发生时的市场价格或者其他合理方式计算。

8. ×，解析：《民法典》第1186条规定，受害人和行为人对损害的发生都没有过错的，依照法律的规定由双方分担损失。

二、单选题

1. 关于无过错侵权的责任承担，下列哪一说法是正确的？（　　）

   A. 行为人造成他人民事权益损害，不论行为人有无过错，法律规定应当承担侵权责任的，依照其规定

   B. 行为人造成他人民事权益损害，只有行为人有过错的，才需要承担侵权责任

   C. 行为人造成他人民事权益损害，根据过错程度，承担与过错相应的侵权责任

   D. 行为人造成他人民事权益损害，只要行为人无过错，就不应当承担侵权责任

2. 关于共同侵权行为构成要件及责任承担，以下表述错误的是：（　　）

   A. 二人以上共同实施

   B. 侵权行为造成他人损害

   C. 行为人应当承担连带责任

   D. 行为人应当根据在共同行为中的地位和作用分别承担相应的责任

3. 下列哪一情形下，行为人不承担侵权责任？（　　）

   A. 损害是因受害人过失造成的

   B. 损害是因受害人重大过失造成的

   C. 损害是因受害人故意造成的

   D. 行为人对损害的发生不存在主观上的故意

4. 自愿参加具有一定风险的文体活动，因其他参加者的行为受到损害的，下列哪一情形下，受害人可以请求其他参加者承担侵权责任？（　　）

   A. 受害人已经尽了足够的注意义务

   B. 其他参加者对损害的发生有过失

   C. 其他参加者对损害的发生有故意或者重大过失

   D. 受害人对损害的发生没有过错

❋ 二、单选题

1. A，解析：《民法典》第1166条规定，行为人造成他人民事权益损害，不论行为人有无过错，法律规定应当承担侵权责任的，依照其规定。故 A 项正确。

2. D，解析：《民法典》第1168条规定，二人以上共同实施侵权行为，造成他人损害的，应当承担连带责任。ABC 项正确，D 项错误。

3. C，解析：《民法典》第1174条规定，损害是因受害人故意造成的，行为人不承担责任。故 C 项当选。

4. C，解析：《民法典》第1176条第1款规定，自愿参加具有一定风险的文体活动，因其他参加者的行为受到损害的，受害人不得请求其他参加者承担侵权责任；但是，其他参加者对损害的发生有故意或者重大过失的除外。故 C 项当选。

5. 侵害他人造成人身损害的,关于赔偿费用,下列哪一说法是错误的?
   (   )
   A. 应当赔偿实际支出的费用
   B. 应当赔偿因误工减少的收入
   C. 造成残疾的,还应当赔偿辅助器具费和残疾赔偿金
   D. 造成死亡的,还应当赔偿丧葬费和死亡赔偿金

6. 下列关于侵权责任承担的说法,哪一选项是错误的?(   )
   A. 被侵权人死亡的,其近亲属有权请求侵权人承担侵权责任
   B. 被侵权人死亡的,其法定继承人有权请求侵权人承担侵权责任
   C. 被侵权人为组织,该组织分立的,承继权利的组织有权请求侵权人承担侵权责任
   D. 被侵权人为组织,该组织合并的,承继权利的组织有权请求侵权人承担侵权责任

7. 侵害他人财产的,被侵权人的财产损失应当如何计算?(   )
   A. 按照索赔时的政府定价计算
   B. 根据损失发生时的政府定价计算
   C. 按照索赔时的市场价格计算
   D. 按照损失发生时的市场价格计算

8. 关于公平责任的要件及损失分担,以下表述错误的是:(   )
   A. 受害人对损害的发生没有过错
   B. 行为人对损害的发生没有过错
   C. 依照法律规定由双方分担损失
   D. 依照双方的约定分担损失

5. A，解析：《民法典》第1179条规定，侵害他人造成人身损害的，应当赔偿医疗费、护理费、交通费、营养费、住院伙食补助费等为治疗和康复支出的合理费用，以及因误工减少的收入。造成残疾的，还应当赔偿辅助器具费和残疾赔偿金；造成死亡的，还应当赔偿丧葬费和死亡赔偿金。故 A 项错误。

6. B，解析：《民法典》第1181条规定，被侵权人死亡的，其近亲属有权请求侵权人承担侵权责任。被侵权人为组织，该组织分立、合并的，承继权利的组织有权请求侵权人承担侵权责任。被侵权人死亡的，支付被侵权人医疗费、丧葬费等合理费用的人有权请求侵权人赔偿费用，但是侵权人已经支付该费用的除外。故 B 项错误。

7. D，解析：《民法典》第1184条规定，侵害他人财产的，财产损失按照损失发生时的市场价格或者其他合理方式计算。故 D 项正确。

8. D，解析：《民法典》第1186条规定，受害人和行为人对损害的发生都没有过错的，依照法律的规定由双方分担损失。据此，ABC 项正确，D 项错误。

三、多选题

1. 侵权行为危及他人人身、财产安全的，被侵权人有权请求侵权人承担哪些侵权责任？（   ）
   A. 停止侵害
   B. 排除妨碍
   C. 消除影响
   D. 恢复原状

2. 关于教唆、帮助侵权，下列哪些说法是正确的？（   ）
   A. 教唆、帮助他人实施侵权行为的，应当与行为人承担连带责任
   B. 教唆、帮助他人实施侵权行为的，应当与行为人承担按份责任
   C. 教唆、帮助无民事行为能力人、限制民事行为能力人实施侵权行为的，应当承担侵权责任
   D. 无民事行为能力人、限制民事行为能力人实施侵权行为的，其监护人应当承担相应的责任

3. 二人以上分别实施侵权行为造成同一损害，下列关于侵权责任承担的说法正确的是：（   ）
   A. 每个人的侵权行为都足以造成全部损害的，行为人之间平均承担责任
   B. 每个人的侵权行为都足以造成全部损害的，行为人承担连带责任
   C. 能够确定责任大小的，各自承担相应的责任
   D. 难以确定责任大小的，平均承担责任

4. 下列哪些情形下，不可以减轻侵权人的责任？（   ）
   A. 被侵权人也给侵权人造成了一定损害
   B. 被侵权人对同一损害的发生或者扩大有过错
   C. 侵权人主观上不存在故意
   D. 侵权人是受他人教唆实施侵权

三、多选题

1. ABC，解析：《民法典》第1167条规定，侵权行为危及他人人身、财产安全的，被侵权人有权请求侵权人承担停止侵害、排除妨碍、消除危险等侵权责任。故 ABC 项正确。

2. AC，解析：《民法典》第1169条规定，教唆、帮助他人实施侵权行为的，应当与行为人承担连带责任。教唆、帮助无民事行为能力人、限制民事行为能力人实施侵权行为的，应当承担侵权责任；该无民事行为能力人、限制民事行为能力人的监护人未尽到监护职责的，应当承担相应的责任。故 AC 项正确。

3. BCD，解析：《民法典》第1171条规定，二人以上分别实施侵权行为造成同一损害，每个人的侵权行为都足以造成全部损害的，行为人承担连带责任。第1172条规定，二人以上分别实施侵权行为造成同一损害，能够确定责任大小的，各自承担相应的责任；难以确定责任大小的，平均承担责任。故 BCD 项正确。

4. ACD，解析：《民法典》第1173条规定，被侵权人对同一损害的发生或者扩大有过错的，可以减轻侵权人的责任。故 ACD 项当选。

专题十一　侵权那些事儿

5. 以下哪些属于侵害他人造成人身损害的赔偿项目：(　　)
   A. 医疗费、护理费
   B. 营养费、住院伙食补助
   C. 交通费、误工减少的收入
   D. 辅助器具费和残疾赔偿金、丧葬费和死亡赔偿金

6. 下列关于侵权责任承担的说法，哪些是正确的(　　)
   A. 被侵权人死亡的，其近亲属有权请求侵权人承担侵权责任
   B. 被侵权人死亡的，支付被侵权人医疗费、丧葬费等合理费用的人有权请求侵权人赔偿费用
   C. 被侵权人为组织，该组织分立的，承继权利的组织有权请求侵权人承担侵权责任
   D. 被侵权人为组织，该组织合并的，承继权利的组织有权请求侵权人承担侵权责任

7. 下列哪些情形下，被侵权人有权请求精神损害赔偿？(　　)
   A. 侵害自然人人身权益造成精神损害
   B. 侵害自然人人身权益造成严重精神损害
   C. 侵害自然人具有人身意义的特定物造成严重损害
   D. 因故意或者重大过失侵害自然人具有人身意义的特定物造成严重精神损害

8. 在知识产权的故意侵害事例中，被侵权人需同时具备下列哪些情形，才能主张相应的惩罚性赔偿：(　　)
   A. 主观上是故意　　　　B. 主观上是重大过失
   C. 性质上要求情节严重　　D. 结果上要求造成损失

9. 下列关于赔偿费用支付方式的说法正确的是：(　　)
   A. 当事人可以协商赔偿费用的支付方式
   B. 协商不一致的，赔偿费用应当一次性支付
   C. 一次性支付确有困难的，可以分期支付
   D. 分期支付时，被侵权人有权请求提供相应的担保

5. ABCD，解析：《民法典》第1179条规定，侵害他人造成人身损害的，应当赔偿医疗费、护理费、交通费、营养费、住院伙食补助费等为治疗和康复支出的合理费用，以及因误工减少的收入。造成残疾的，还应当赔偿辅助器具费和残疾赔偿金；造成死亡的，还应当赔偿丧葬费和死亡赔偿金。故 ABCD 项均正确。

6. ABCD，解析：《民法典》第1181条规定，被侵权人死亡的，其近亲属有权请求侵权人承担侵权责任。被侵权人为组织，该组织分立、合并的，承继权利的组织有权请求侵权人承担侵权责任。被侵权人死亡的，支付被侵权人医疗费、丧葬费等合理费用的人有权请求侵权人赔偿费用，但是侵权人已经支付该费用的除外。故 ABCD 项均正确。

7. BD，解析：《民法典》第1183条规定，侵害自然人人身权益造成严重精神损害的，被侵权人有权请求精神损害赔偿。因故意或者重大过失侵害自然人具有人身意义的特定物造成严重精神损害的，被侵权人有权请求精神损害赔偿。故 BD 项当选。

8. AC，解析：《民法典》第1185条规定，故意侵害他人知识产权，情节严重的，被侵权人有权请求相应的惩罚性赔偿。故 AC 项当选。

9. ABCD，解析：《民法典》第1187条规定，损害发生后，当事人可以协商赔偿费用的支付方式。协商不一致的，赔偿费用应当一次性支付；一次性支付确有困难的，可以分期支付，但是被侵权人有权请求提供相应的担保。故 ABCD 项正确。

四、填空题

1. 二人以上共同实施侵权行为，造成他人损害的，应当承担____责任。
2. 二人以上实施危及他人人身、财产安全的行为，其中一人或者数人的行为造成他人损害，____具体侵权人的，由____承担责任；____具体侵权人的，行为人承担____责任。
3. 二人以上____实施侵权行为造成____损害，能够确定责任大小的，各自承担____的责任；难以确定责任大小的，____承担责任。
4. 损害是因____造成的，行为人不承担责任。
5. 侵害他人造成人身损害的，应当赔偿医疗费、护理费、交通费、营养费、住院伙食补助费等为治疗和康复支出的____，以及因____减少的收入。造成残疾的，还应当赔偿辅助器具费和____；造成死亡的，还应当赔偿丧葬费和____。
6. 被侵权人死亡的，其____有权请求侵权人承担侵权责任。被侵权人为组织，该组织分立、合并的，____有权请求侵权人承担侵权责任。
7. 侵害自然人____造成____精神损害的，被侵权人有权请求精神损害赔偿。因____或者____侵害自然人具有____的特定物造成严重精神损害的，被侵权人有权请求精神损害赔偿。
8. ____侵害他人知识产权，____的，被侵权人有权请求相应的惩罚性赔偿。

五、简答题

简述《民法典》关于过错责任原则、无过错责任原则、公平责任原则的规定。

四、填空题

1. 连带。(《民法典》第1168条)

2. 能够确定；侵权人；不能确定；连带。(《民法典》第1170条)

3. 分别；同一；相应；平均。(《民法典》第1172条)

4. 受害人故意。(《民法典》第1174条)

5. 合理费用；误工；残疾赔偿金；死亡赔偿金。(《民法典》第1179条)

6. 近亲属；承继权利的组织。(《民法典》第1181条)

7. 人身权益；严重；故意；重大过失；人身意义。(《民法典》第1183条)

8. 故意；情节严重。(《民法典》第1185条)

五、简答题

答：(1) 过错责任原则：《民法典》第1165条规定，行为人因过错侵害他人民事权益造成损害的，应当承担侵权责任。依照法律规定推定行为人有过错，其不能证明自己没有过错的，应当承担侵权责任。

(2) 无过错责任原则：《民法典》第1166条规定，行为人造成他人民事权益损害，不论行为人有无过错，法律规定应当承担侵权责任的，依照其规定。

(3) 公平责任原则：《民法典》第1186条规定，受害人和行为人对损害的发生都没有过错的，依照法律的规定由双方分担损失。

第二讲　特殊的侵权主体

一、判断题

1. 限制民事行为能力人造成他人损害，监护人尽到监护责任的，可以免除其侵权责任。（　　）
2. 完全民事行为能力人暂时没有意识或者失去控制造成他人损害的，不承担侵权责任。（　　）
3. 个人之间形成劳务关系，提供劳务一方因劳务受到损害的，根据双方各自的过错承担相应的责任。（　　）
4. 网络用户利用网络侵害他人民事权益的，应当承担侵权责任。（　　）
5. 网络用户接到转送的通知后，应当向网络服务提供者提交不存在侵权行为的声明。（　　）
6. 限制民事行为能力人在学校或者其他教育机构学习、生活期间受到人身损害的，学校或者其他教育机构应当承担侵权责任。（　　）

二、单选题

1. 关于无民事行为能力人、限制民事行为能力人侵权，下列哪一说法是错误的？（　　）
   A. 无民事行为能力人造成他人损害的，由监护人承担侵权责任
   B. 限制民事行为能力人造成他人损害的，由监护人承担侵权责任
   C. 监护人尽到监护职责的，可以减轻其侵权责任
   D. 无民事行为能力人、限制民事行为能力人造成他人损害的，应当从监护人财产中支付赔偿费用

参考答案

❋ 一、判断题

1. ×，解析：《民法典》第1188条第1款规定，无民事行为能力人、限制民事行为能力人造成他人损害的，由监护人承担侵权责任。监护人尽到监护职责的，可以减轻其侵权责任。

2. ×，解析：《民法典》第1190条第1款规定，完全民事行为能力人对自己的行为暂时没有意识或者失去控制造成他人损害有过错的，应当承担侵权责任；没有过错的，根据行为人的经济状况对受害人适当补偿。

3. √，解析：《民法典》第1192条第1款。

4. √，解析：《民法典》第1194条。

5. ×，解析：《民法典》第1196条第1款规定，网络用户接到转送的通知后，可以向网络服务提供者提交不存在侵权行为的声明。声明应当包括不存在侵权行为的初步证据及网络用户的真实身份信息。

6. ×，解析：《民法典》第1200条规定，限制民事行为能力人在学校或者其他教育机构学习、生活期间受到人身损害，学校或者其他教育机构未尽到教育、管理职责的，应当承担侵权责任。

❋ 二、单选题

1. D，解析：《民法典》第1188条规定，无民事行为能力人、限制民事行为能力人造成他人损害的，由监护人承担侵权责任。监护人尽到监护职责的，可以减轻其侵权责任。有财产的无民事行为能力人、限制民事行为能力人造成他人损害的，从本人财产中支付赔偿费用；不足部分，由监护人赔偿。故D项错误。

专题十一 侵权那些事儿

2. 关于完全民事行为能力在以下特定情形下的责任承担,表述错误的是:( )
   A. 对自己的行为暂时没有意识造成他人损害有过错的,应当承担侵权责任
   B. 对自己的行为暂时失去控制造成他人损害没有过错的,根据行为人的经济状况对受害人适当补偿
   C. 因醉酒对自己的行为暂时没有意识造成他人损害的,不应当承担侵权责任
   D. 因滥用麻醉药品对自己的行为暂时失去控制造成他人损害的,应当承担侵权责任

3. 个人之间的劳务关系中,提供劳务一方因劳务受到损害的,关于侵权责任的承担,下列哪一说法是正确的?( )
   A. 提供劳务一方应当自行承担损害后果
   B. 接受劳动一方可以视情况给予提供劳动一方补偿
   C. 接受劳务一方应当承担全部责任
   D. 根据双方各自的过错承担相应的责任

4. 关于网络用户、网络服务提供者的侵权责任,以下表述正确的是:( )
   A. 网络用户利用网络侵害他人民事权益,网络用户有过错的,应当承担侵权责任。法律另有规定的,依照其规定
   B. 网络服务提供者利用网络侵害他人民事权益,网络服务提供者没有过错的,不应当承担侵权责任。法律另有规定的,依照其规定
   C. 网络用户利用网络侵害他人民事权益,网络用户没有过错的,不应当承担侵权责任。法律另有规定的,依照其规定
   D. 网络服务提供者利用网络侵害他人民事权益的,应当承担侵权责任。法律另有规定的,依照其规定

2. C，解析：《民法典》第1190条规定，完全民事行为能力人对自己的行为暂时没有意识或者失去控制造成他人损害有过错的，应当承担侵权责任；没有过错的，根据行为人的经济状况对受害人适当补偿。完全民事行为能力人因醉酒、滥用麻醉药品或者精神药品对自己的行为暂时没有意识或者失去控制造成他人损害的，应当承担侵权责任。据此，ABD项正确。C项中承担侵权责任不以过错为前提，C项错误。

3. D，解析：《民法典》第1192条第1款规定，个人之间形成劳务关系，提供劳务一方因劳务造成他人损害的，由接受劳务一方承担侵权责任。接受劳务一方承担侵权责任后，可以向有故意或者重大过失的提供劳务一方追偿。提供劳务一方因劳务受到损害的，根据双方各自的过错承担相应的责任。故D项正确。

4. D，解析：《民法典》第1194条规定，网络用户、网络服务提供者利用网络侵害他人民事权益的，应当承担侵权责任。法律另有规定的，依照其规定。据此，ABC表述错误，D项正确。

5. 关于网络用户接到网络服务提供者转送的通知后所采取的措施及后果,以下表述错误的是:(　　)
   A. 网络用户接到转送的通知后,可以向网络服务提供者提交不存在侵权行为的声明
   B. 网络服务提供者接到声明后,应当将该声明转送发出通知的权利人,并告知其可以向仲裁机构申请仲裁
   C. 网络服务提供者接到声明后,应当将该声明转送发出通知的权利人,并告知其可以向人民法院提起诉讼
   D. 网络服务提供者在转送声明到达权利人后,应当及时终止所采取的措施

6. 在宾馆、商场、银行、车站、机场、体育场馆、娱乐场所等经营场所、公共场所或者群众活动中遭受损害,关于侵权责任的承担,下列哪一说法是正确的?(　　)
   A. 经营场所、公共场所的经营者、管理者或者群众性活动的组织者不承担侵权责任
   B. 因第三人的行为造成损害的,由造成损害的第三人承担全部责任
   C. 由受害人自担责任
   D. 经营场所、公共场所的经营者、管理者或者群众性活动的组织者未尽到安全保障义务,应当承担侵权责任

7. 关于限制民事行为能力人在教育机构学习、生活期间受到损害的侵权责任,下列哪一说法是正确的?(　　)
   A. 受到人身损害的,学校或者其他教育机构应当承担侵权责任
   B. 受到任何损害的,学校或者其他教育机构应当承担侵权责任
   C. 受到人身损害,学校或者其他教育机构未尽到教育、管理职责的,应当承担侵权责任
   D. 受到任何损害,学校或者其他教育机构未尽到教育、管理职责的,应当承担侵权责任

5. D,解析:《民法典》第1196条规定,网络用户接到转送的通知后,可以向网络服务提供者提交不存在侵权行为的声明。声明应当包括不存在侵权行为的初步证据及网络用户的真实身份信息。网络服务提供者接到声明后,应当将该声明转送发出通知的权利人,并告知其可以向有关部门投诉或者向人民法院提起诉讼。网络服务提供者在转送声明到达权利人后的合理期限内,未收到权利人已经投诉或者提起诉讼通知的,应当及时终止所采取的措施。

6. D,解析:《民法典》第1198条规定,宾馆、商场、银行、车站、机场、体育场馆、娱乐场所等经营场所、公共场所的经营者、管理者或者群众性活动的组织者,未尽到安全保障义务,造成他人损害的,应当承担侵权责任。因第三人的行为造成他人损害的,由第三人承担侵权责任;经营者、管理者或者组织者未尽到安全保障义务的,承担相应的补充责任。经营者、管理者或者组织者承担补充责任后,可以向第三人追偿。故D项正确。

7. C,解析:《民法典》第1200条规定,限制民事行为能力人在学校或者其他教育机构学习、生活期间受到人身损害,学校或者其他教育机构未尽到教育、管理职责的,应当承担侵权责任。故C项正确。

三、多选题

1. 在委托监护情形下，下列关于无民事行为能力人、限制民事行为能力人侵权的说法，哪些是错误的？（　　）

   A. 一律由监护人承担侵权责任

   B. 一律由受托人承担侵权责任

   C. 监护人有过错的，应当承担侵权责任；受托人有过错的，应当承担侵权责任

   D. 监护人应当承担侵权责任；受托人有过错的，承担相应的责任

2. 劳务派遣期间，被派遣的工作人员因执行工作任务造成他人损害的，下列关于侵权责任承担的哪些说法是错误的？（　　）

   A. 由劳务派遣单位承担侵权责任

   B. 劳务派遣单位无过错的，由接受劳务派遣的用工单位承担侵权责任

   C. 由劳务派遣单位承担侵权责任，接受劳务派遣的用工单位承担补充责任

   D. 由接受劳务派遣的用工单位承担侵权责任，劳务派遣单位有过错的，承担相应的责任

3. 下列哪些情形下，定作人无需对承揽人在完成工作过程中遭受的损害承担相应责任？（　　）

   A. 承揽人非因故意造成第三人损害

   B. 承揽人非因重大过失造成自己损害

   C. 承揽人因重大过失造成第三人损害或者自己损害

   D. 定作人对定作、指示或者选任有过错

三、多选题

1. ABC，解析：《民法典》第1189条规定，无民事行为能力人、限制民事行为能力人造成他人损害，监护人将监护职责委托给他人的，监护人应当承担侵权责任；受托人有过错的，承担相应的责任。故ABC项正确。

2. ABC，解析：《民法典》第1191条第2款规定，劳务派遣期间，被派遣的工作人员因执行工作任务造成他人损害的，由接受劳务派遣的用工单位承担侵权责任；劳务派遣单位有过错的，承担相应的责任。故 ABC 项当选。

3. ABC，解析：《民法典》第1193条规定，承揽人在完成工作过程中造成第三人损害或者自己损害的，定作人不承担侵权责任。但是，定作人对定作、指示或者选任有过错的，应当承担相应的责任。

4. 下列关于网络侵权责任避风港原则的哪些说法是正确的？（　　）
   A. 网络用户利用网络服务实施侵权行为的，权利人有权通知网络服务提供者采取删除、屏蔽、断开链接等必要措施
   B. 通知应当包括构成侵权的初步证据及权利人的真实身份信息
   C. 网络服务提供者接到通知后，应当及时将该通知转送相关网络用户
   D. 权利人因错误通知造成网络用户或者网络服务提供者损害的，应当承担侵权责任

5. 在网络侵权中，网络服务提供者同时具备下列哪些情形的，应当与网络用户承担连带责任？（　　）
   A. 知道或者应当知道网络用户利用其网络服务侵害他人民事权益
   B. 不知道网络用户利用其网络服务侵害他人民事权益
   C. 未采取充分措施
   D. 未采取必要措施

6. 关于无民事行为能力人在教育机构受到人身损害的侵权责任，下列哪些说法是错误的？（　　）
   A. 无民事行为能力人在教育机构学习、生活期间受到人身损害的，教育机构应当承担侵权责任
   B. 无民事行为能力人在教育机构学习、生活期间遭受财产损失的，教育机构应当承担侵权责任
   C. 能够证明尽到教育、管理职责的，教育机构不承担侵权责任
   D. 能够证明尽到教育、管理职责的，可以适当减轻教育机构的侵权责任

7. 无民事行为能力人、限制民事行为能力人在教育机构学习、生活期间，受到教育机构以外的第三人人身损害的，关于侵权责任的承担，下列哪些说法是错误的？（　　）
   A. 第三人承担全部责任
   B. 第三人非因故意造成损害的，不承担侵权责任
   C. 教育机构未尽到管理职责的，承担相应的补充责任
   D. 教育机构承担全部责任

4. ABCD，解析：《民法典》第 1195 条规定，网络用户利用网络服务实施侵权行为的，权利人有权通知网络服务提供者采取删除、屏蔽、断开链接等必要措施。通知应当包括构成侵权的初步证据及权利人的真实身份信息。网络服务提供者接到通知后，应当及时将该通知转送相关网络用户，并根据构成侵权的初步证据和服务类型采取必要措施；未及时采取必要措施的，对损害的扩大部分与该网络用户承担连带责任。权利人因错误通知造成网络用户或者网络服务提供者损害的，应当承担侵权责任。法律另有规定的，依照其规定。故 ABCD 项正确。

5. AD，解析：《民法典》第 1197 条规定，网络服务提供者知道或者应当知道网络用户利用其网络服务侵害他人民事权益，未采取必要措施的，与该网络用户承担连带责任。故 AD 项当选。

6. BD，解析：《民法典》第 1199 条规定，无民事行为能力人在幼儿园、学校或者其他教育机构学习、生活期间受到人身损害的，幼儿园、学校或者其他教育机构应当承担侵权责任；但是，能够证明尽到教育、管理职责的，不承担侵权责任。故 BD 项错误。

7. ABD，解析：《民法典》第 1201 条规定，无民事行为能力人或者限制民事行为能力人在幼儿园、学校或者其他教育机构学习、生活期间，受到幼儿园、学校或者其他教育机构以外的第三人人身损害的，由第三人承担侵权责任；幼儿园、学校或者其他教育机构未尽到管理职责的，承担相应的补充责任。幼儿园、学校或者其他教育机构承担补充责任后，可以向第三人追偿。故 ABD 项错误。

四、填空题

1. 无民事行为能力人、限制民事行为能力人造成他人损害，监护人将监护职责委托给他人的，____应当承担侵权责任；受托人有过错的，承担____的责任。

2. 用人单位的工作人员因____造成他人损害的，由____承担侵权责任。用人单位承担侵权责任后，可以向有____的工作人员追偿。

3. 承揽人在完成工作过程中造成第三人损害或者自己损害的，定作人____侵权责任。但是，定作人对定作、指示或者选任____的，应当承担____的责任。

4. 网络用户利用网络服务实施侵权行为的，权利人有权通知网络服务提供者采取删除、屏蔽、断开链接等必要措施。通知应当包括构成侵权的____及权利人的____。

5. 网络服务提供者____网络用户利用其网络服务侵害他人民事权益，未采取____措施的，与该网络用户承担____责任。

6. 无民事行为能力人在幼儿园、学校或者其他教育机构____期间受到____损害的，幼儿园、学校或者其他教育机构____承担侵权责任；但是，能够证明____教育、管理职责的，不承担侵权责任。

7. 无民事行为能力人或者限制民事行为能力人在幼儿园、学校或者其他教育机构____期间，受到幼儿园、学校或者其他教育机构以外的第三人____损害的，由____承担侵权责任；幼儿园、学校或者其他教育机构未尽到管理职责的，承担相应的____责任。幼儿园、学校或者其他教育机构承担补充责任后，可以向第三人____。

五、简答题

简述我国《民法典》规定的关于无民事行为能力人、限制民事行为能力人在教育机构受到损害时，教育机构应当承担侵权责任的情形。

四、填空题

1. 监护人；相应。（《民法典》第1189条）
2. 执行工作任务；用人单位；故意或者重大过失。（《民法典》第1191条第1款）
3. 不承担；有过错；相应。（《民法典》第1193条）
4. 初步证据；真实身份信息。（《民法典》第1195条第1款）
5. 知道或者应当知道；必要；连带。（《民法典》第1197条）
6. 学习、生活；人身；应当；尽到。（《民法典》第1199条）
7. 学习、生活；人身；第三人；补充；追偿。（《民法典》第1201条）

五、简答题

答：《民法典》第1199至1201条规定，无民事行为能力人在幼儿园、学校或者其他教育机构学习、生活期间受到损害的，教育机构应当承担侵权责任的情形有：（1）过错推定责任。无民事行为能力人在幼儿园、学校或者其他教育机构学习、生活期间受到人身损害的，幼儿园、学校或者其他教育机构应当承担侵权责任；但是，能够证明尽到教育、管理职责的，不承担侵权责任。（2）过错责任。限制民事行为能力人在学校或者其他教育机构学习、生活期间受到人身损害，学校或者其他教育机构未尽到教育、管理职责的，应当承担侵权责任。（3）在教育机构内第三人侵权时的责任分担。无民事行为能力人或者限制民事行为能力人在幼儿园、学校或者其他教育机构学习、生活期间，受到幼儿园、学校或者其他教育机构以外的第三人人身损害的，由第三人承担侵权责任；幼儿园、学校或者其他教育机构未尽到管理职责的，承担相应的补充责任。幼儿园、学校或者其他教育机构承担补充责任后，可以向第三人追偿。

第三讲　常见的侵权类型

❋ 一、判断题

1. 因产品存在缺陷造成他人损害的，生产者应当承担侵权责任。（　　）

2. 未经允许驾驶他人机动车，发生交通事故造成损害，属于该机动车一方责任的，由机动车使用人承担赔偿责任。（　　）

3. 以买卖或者其他方式转让拼装或者已经达到报废标准的机动车，发生交通事故造成损害的，由转让人承担责任。（　　）

4. 患者在诊疗活动中受到损害，由医疗机构承担赔偿责任。（　　）

5. 在抢救生命垂危的患者等紧急情况下，不能取得患者或者其近亲属意见的，医务人员应当立即实施相应的医疗措施。（　　）

6. 因污染环境、破坏生态发生纠纷，行为人应当承担的举证责任以法律规定的不承担责任或者减轻责任的情形为限。（　　）

7. 侵权人污染环境、破坏生态，被侵权人有权请求相应的惩罚性赔偿。（　　）

8. 民用航空器造成他人损害是因受害人故意造成的，民用航空器的经营者不承担责任。（　　）

9. 违反管理规定，未对动物采取安全措施造成他人损害的，动物饲养人或者管理人应当承担侵权责任；但是，能够证明损害是因被侵权人故意造成的，可以减轻责任。（　　）

10. 动物园的动物致人损害，动物园尽到管理职责的，不承担侵权责任。（　　）

11. 禁止从建筑物中抛掷物品。（　　）

参考答案

❀ 一、判断题

1. √，解析：《民法典》第1202条。

2. √，解析：《民法典》第1212条。

3. ×，解析：《民法典》第1214条规定，以买卖或者其他方式转让拼装或者已经达到报废标准的机动车，发生交通事故造成损害的，由转让人和受让人承担连带责任。

4. ×，解析：《民法典》第1218条规定，患者在诊疗活动中受到损害，医疗机构或者其医务人员有过错的，由医疗机构承担赔偿责任。

5. ×，解析：《民法典》第1220条规定，因抢救生命垂危的患者等紧急情况，不能取得患者或者其近亲属意见的，经医疗机构负责人或者授权的负责人批准，可以立即实施相应的医疗措施。

6. ×，解析：《民法典》第1230条规定，因污染环境、破坏生态发生纠纷，行为人应当就法律规定的不承担责任或者减轻责任的情形及其行为与损害之间不存在因果关系承担举证责任。

7. ×，解析：《民法典》第1232条规定，侵权人违反法律规定故意污染环境、破坏生态造成严重后果的，被侵权人有权请求相应的惩罚性赔偿。

8. √，解析：《民法典》第1238条。

9. √，解析：《民法典》第1246条。

10. √，解析：《民法典》第1248条。

11. √，解析：《民法典》第1254条。

二、单选题

1. 下列关于产品缺陷侵权的说法,哪一选项是正确的?(　　)
   A. 因产品存在缺陷造成他人损害的,生产者应当承担侵权责任
   B. 被侵权人只能要求生产者承担侵权责任
   C. 被侵权人只能要求销售者承担侵权责任
   D. 被侵权人只能要求生产者或者销售者一方承担侵权责任

2. 机动车发生交通事故造成损害,属于机动车一方责任的,关于赔偿责任的承担,下列哪一说法是错误的?(　　)
   A. 机动车所有人、管理人与使用人不是同一人的,由机动车使用人承担赔偿责任
   B. 机动车所有人、管理人对损害的发生有过错的,承担相应的赔偿责任
   C. 机动车所有人、管理人与使用人不是同一人的,由机动车使用人和机动车所有人、管理人承担连带赔偿责任
   D. 机动车已经转让并交付,但未办理登记的,由受让人承担赔偿责任

3. 关于医疗损害责任,下列哪一说法是正确的?(　　)
   A. 患者在诊疗活动中受到损害,由医疗机构承担赔偿责任
   B. 患者在诊疗活动中受到损害,医疗机构不能证明没有过错的,由医疗机构承担赔偿责任
   C. 患者在诊疗活动中受到损害,医务人员有过错的,由医务人员承担赔偿责任
   D. 患者在诊疗活动中受到损害,医疗机构有过错的,由医疗机构承担赔偿责任

❊ 二、单选题

1. A，解析：《民法典》第 1202 条规定，因产品存在缺陷造成他人损害的，生产者应当承担侵权责任。故 A 项正确。

2. C，解析：《民法典》第 1209 条规定，因租赁、借用等情形机动车所有人、管理人与使用人不是同一人时，发生交通事故造成损害，属于该机动车一方责任的，由机动车使用人承担赔偿责任；机动车所有人、管理人对损害的发生有过错的，承担相应的赔偿责任。第 1210 条规定，当事人之间已经以买卖或者其他方式转让并交付机动车但是未办理登记，发生交通事故造成损害，属于该机动车一方责任的，由受让人承担赔偿责任。故 C 项错误。

3. D，解析：《民法典》第 1218 条规定，患者在诊疗活动中受到损害，医疗机构或者其医务人员有过错的，由医疗机构承担赔偿责任。

4. 患者在诊疗活动中受到损害，下列哪一情形下，不能推定医疗机构有过错？（　　）

   A. 医疗机构违反法律、行政法规、规章以及其他有关诊疗规范的规定

   B. 医疗机构隐匿或者拒绝提供与纠纷有关的病历资料

   C. 医疗机构遗失病历资料

   D. 医疗机构销毁病历资料

5. 在污染环境和破坏生态纠纷中，行为人不承担下列哪一项事实的举证责任？（　　）

   A. 法律规定的不承担责任的情形

   B. 法律规定的减轻责任的情形

   C. 其行为与损害结果之间不存在因果关系

   D. 发生污染环境和破坏生态的损害事实

6. 关于从事高空、高压、地下挖掘活动或者使用高速轨道运输工具致害责任，下列哪一说法是错误的？（　　）

   A. 从事高空、高压、地下挖掘活动或者使用高速轨道运输工具造成他人损害的，经营者应当承担侵权责任

   B. 从事高空、高压、地下挖掘活动或者使用高速轨道运输工具造成他人损害的，行为人应当承担侵权责任

   C. 能够证明损害是因受害人故意或者不可抗力造成的，经营者不承担责任

   D. 被侵权人对损害的发生有重大过失的，可以减轻经营者的责任

7. 因第三人的过错致使动物造成他人损害的，关于侵权责任的承担，下列哪一说法是错误的？（　　）

   A. 被侵权人可以向动物饲养人请求赔偿

   B. 被侵权人可以向第三人请求赔偿

   C. 被侵权人可以向管理人请求赔偿

   D. 动物饲养人或者管理人赔偿后，无权向第三人追偿

4. D，解析：《民法典》第1222条规定，患者在诊疗活动中受到损害，有下列情形之一的，推定医疗机构有过错：（1）违反法律、行政法规、规章以及其他有关诊疗规范的规定；（2）隐匿或者拒绝提供与纠纷有关的病历资料；（3）遗失、伪造、篡改或者违法销毁病历资料。故D项当选。

5. D，解析：《民法典》第1230条规定，因污染环境、破坏生态发生纠纷，行为人应当就法律规定的不承担责任或者减轻责任的情形及其行为与损害之间不存在因果关系承担举证责任。故D项当选。

6. B，解析：《民法典》第1240条规定，从事高空、高压、地下挖掘活动或者使用高速轨道运输工具造成他人损害的，经营者应当承担侵权责任；但是，能够证明损害是因受害人故意或者不可抗力造成的，不承担责任。被侵权人对损害的发生有重大过失的，可以减轻经营者的责任。故B项错误。

7. D，解析：《民法典》第1250条规定，因第三人的过错致使动物造成他人损害的，被侵权人可以向动物饲养人或者管理人请求赔偿，也可以向第三人请求赔偿。动物饲养人或者管理人赔偿后，有权向第三人追偿。故D项错误。

三、多选题

1. 下列哪些情形下,被侵权人有权请求相应的惩罚性赔偿?(　　)
   A. 明知产品存在缺陷仍然生产、销售
   B. 明知产品存在缺陷仍然生产、销售,造成他人死亡或者健康严重损害
   C. 因产品存在缺陷,没有采取有效补救措施
   D. 因产品存在缺陷,没有采取有效补救措施,造成他人死亡或者健康严重损害

2. 机动车所有人、管理人与使用人不是同一人时,发生交通事故造成损害,关于侵权责任的承担,下列哪些说法是正确的?(　　)
   A. 由机动车使用人承担赔偿责任
   B. 属于该机动车一方责任的,由机动车使用人承担赔偿责任
   C. 机动车所有人、管理人对损害的发生有过错的,承担相应的赔偿责任
   D. 机动车所有人、管理人对损害的发生有过错的,应当承担赔偿责任

3. 非营运机动车发生交通事故造成无偿搭乘人损害的,属于该机动车一方责任的,关于赔偿责任的承担,下列哪些说法是正确的?(　　)
   A. 应当减轻机动车一方的赔偿责任,但有例外情形
   B. 可以减轻机动车一方的赔偿责任,无例外情形
   C. 机动车使用人因故意造成交通事故发生的,不应当减轻其赔偿责任
   D. 机动车使用人因重大过失造成交通事故发生的,可以减轻其赔偿责任

4. 因药品、消毒产品、医疗器械的缺陷,或者输入不合格的血液造成患者损害的,患者可以向下列哪些机构请求赔偿?(　　)
   A. 药品上市许可持有人　　B. 生产者
   C. 血液提供机构　　　　　D. 医疗机构

三、多选题

1. BD，解析：《民法典》第 1207 条规定，明知产品存在缺陷仍然生产、销售，或者没有依据前条规定采取有效补救措施，造成他人死亡或者健康严重损害的，被侵权人有权请求相应的惩罚性赔偿。故 BD 项当选。

2. BC，解析：《民法典》第 1209 条规定，因租赁、借用等情形机动车所有人、管理人与使用人不是同一人时，发生交通事故造成损害，属于该机动车一方责任的，由机动车使用人承担赔偿责任；机动车所有人、管理人对损害的发生有过错的，承担相应的赔偿责任。故 BC 项正确。

3. AC，解析：《民法典》第 1217 条规定，非营运机动车发生交通事故造成无偿搭乘人损害，属于该机动车一方责任的，应当减轻其赔偿责任，但是机动车使用人有故意或者重大过失的除外。故 AC 项正确。

4. ABCD，解析：《民法典》第 1223 条规定，因药品、消毒产品、医疗器械的缺陷，或者输入不合格的血液造成患者损害的，患者可以向药品上市许可持有人、生产者、血液提供机构请求赔偿，也可以向医疗机构请求赔偿。患者向医疗机构请求赔偿的，医疗机构赔偿后，有权向负有责任的药品上市许可持有人、生产者、血液提供机构追偿。故 ABCD 项当选。

5. 下列哪些材料属于医疗机构及其医务人员应当按照规定填写并妥善保管的病历资料？（　　）

   A. 住院志　　　　　　　　B. 手术及麻醉记录
   C. 护理记录　　　　　　　D. 医嘱单

6. 因第三人的过错污染环境、破坏生态的，关于侵权责任的承担，下列哪些说法是正确的？（　　）

   A. 被侵权人可以向侵权人请求赔偿

   B. 被侵权人可以向第三人请求赔偿

   C. 侵权人赔偿后，有权向第三人追偿

   D. 侵权人承担最终责任

7. 民用核设施或者运入运出核设施的核材料发生核事故造成他人损害的，下列哪些情形下，营运单位不承担责任？（　　）

   A. 损害是因战争造成的　　　B. 损害是因武装冲突造成的
   C. 损害是因发生暴乱造成的　D. 损害是受害人故意造成的

8. 关于禁止饲养的危险动物损害责任，下列哪些说法是错误的？（　　）

   A. 烈性犬造成他人损害，动物饲养人或者管理人有过错的，应当承担侵权责任

   B. 烈性犬造成他人损害，动物饲养人或者管理人不能证明自己没有过错的，应当承担侵权责任

   C. 禁止饲养的烈性犬等危险动物造成他人损害，动物饲养人或者管理人有过错的，应当承担侵权责任

   D. 禁止饲养的烈性犬等危险动物造成他人损害的，动物饲养人或者管理人应当承担侵权责任

5. ABCD，解析：《民法典》第1225条规定，医疗机构及其医务人员应当按照规定填写并妥善保管住院志、医嘱单、检验报告、手术以及麻醉记录、病理资料、护理记录、医疗费用等病历资料。患者要求查阅、复制前款规定的病历资料的，医疗机构应当及时提供。故ABCD项当选。

6. ABC，解析：《民法典》第1233条规定，因第三人的过错污染环境、破坏生态的，被侵权人可以向侵权人请求赔偿，也可以向第三人请求赔偿。侵权人赔偿后，有权向第三人追偿。故ABC项当选。

7. ABCD，解析：《民法典》第1237条规定，民用核设施或者运入运出核设施的核材料发生核事故造成他人损害的，民用核设施的营运单位应当承担侵权责任；但是，能够证明损害是因战争、武装冲突、暴乱等情形或者受害人故意造成的，不承担责任。故ABCD项当选。

8. ABC，解析：《民法典》第1247条规定，禁止饲养的烈性犬等危险动物造成他人损害的，动物饲养人或者管理人应当承担侵权责任。故ABC项错误。

四、填空题

1. 因产品存在缺陷造成他人损害的,被侵权人____向产品的生产者请求赔偿,____向产品的销售者请求赔偿。产品缺陷由生产者造成的,销售者赔偿后,有权向生产者____。因销售者的过错使产品存在缺陷的,生产者赔偿后,有权向销售者____。

2. 盗窃、抢劫或者抢夺的机动车发生交通事故造成损害的,由____承担赔偿责任。盗窃人、抢劫人或者抢夺人与机动车使用人不是同一人,发生交通事故造成损害,属于该机动车一方责任的,由盗窃人、抢劫人或者抢夺人与机动车使用人承担____责任。保险人在机动车强制保险责任限额范围内垫付抢救费用的,有权向交通事故责任人____。

3. 医务人员在诊疗活动中未尽到与____的医疗水平相应的诊疗义务,造成患者损害的,医疗机构____承担赔偿责任。

4. 医疗机构及其医务人员不得违反诊疗规范实施____的检查。

5. 两个以上侵权人污染环境、破坏生态的,承担责任的大小,根据污染物的____,破坏生态的____,以及____等因素确定。

6. 占有或者使用易燃、易爆、剧毒、高放射性、强腐蚀性、高致病性等高度危险物造成他人损害的,____或者____应当承担侵权责任;但是,能够证明损害是因____或者____造成的,不承担责任。被侵权人对损害的发生有____的,____减轻占有人或者使用人的责任。

7. 饲养动物应当遵守____,尊重____,不得妨碍____。

五、简答题

1. 简述我国《民法典》规定的医务人员在诊疗活动中的说明义务和患者知情同意权。

2. 简述我国《民法典》中关于生态环境民事公益诉讼的赔偿范围。

❋ 四、填空题

1. 可以；也可以；追偿；追偿。(《民法典》第 1203 条)
2. 盗窃人、抢劫人或者抢夺人；连带；追偿。(《民法典》第 1215 条)
3. 当时；应当。(《民法典》第 1221 条)
4. 不必要。(《民法典》第 1227 条)
5. 种类、浓度、排放量；方式、范围、程度；行为对损害后果所起的作用。(《民法典》第 1231 条)
6. 占有人；使用人；受害人故意；不可抗力；重大过失；可以。(《民法典》第 1239 条)
7. 法律法规；社会公德；他人生活。(《民法典》第 1251 条)

❋ 五、简答题

1. 答：《民法典》第 1219 条规定，医务人员在诊疗活动中应当向患者说明病情和医疗措施。需要实施手术、特殊检查、特殊治疗的，医务人员应当及时向患者具体说明医疗风险、替代医疗方案等情况，并取得其明确同意；不能或者不宜向患者说明的，应当向患者的近亲属说明，并取得其明确同意。医务人员未尽到前款义务，造成患者损害的，医疗机构应当承担赔偿责任。《民法典》第 1220 条规定，因抢救生命垂危的患者等紧急情况，不能取得患者或者其近亲属意见的，经医疗机构负责人或者授权的负责人批准，可以立即实施相应的医疗措施。

2. 答：《民法典》第 1235 条规定，违反国家规定造成生态环境损害的，国家规定的机关或者法律规定的组织有权请求侵权人赔偿下列损失和费用：(1) 生态环境受到损害至修复完成期间服务功能丧失导致的损失；(2) 生态环境功能永久性损害造成的损失；(3) 生态环境损害调查、鉴定评估等费用；(4) 清除污染、修复生态环境费用；(5) 防止损害的发生和扩大所支出的合理费用。